GLADIATOR
角斗士

[英]本·哈伯德 著

单 良 李雪琪 译

SPM
南方传媒

广东人民出版社
·广州·

目录

Contents

引言

角斗比赛是古罗马人生活的中心。市民们蜂拥至当地的竞技场，观看狩猎表演、公开处决和殊死搏斗的角斗士表演，并以此为乐。数千人在规模盛大的比赛中丧生，这些比赛有时甚至会持续数周之久。这一场场杀戮狂欢对观众来说并不稀奇——这不过是罗马人生活的一部分。角斗士的历史与古罗马及其皇帝的故事密不可分。在罗马帝国的鼎盛时期，皇帝举办的角斗比赛的规模越来越庞大。他们不遗余力地娱乐大众，炫耀罗马对人类和野兽的权力与统治。

上图　公元前3世纪由"阿拉希俄斯的阿米亚斯"创作的葬礼浮雕，以纪念她作为角斗士的丈夫。

上页跨页图　这幅美景展示了古罗马广场（Forum Romanum），这是古罗马的中心，也是早期角斗表演的舞台。

死亡表演

大象、鳄鱼和犀牛等外来动物从大洋彼岸被运入罗马帝国，在人群面前被宰杀。竞技场内，不会伤人的食草动物先是被放逐到一大片树林布景中，然后角斗士对它们穷追不舍，直至将它们尽数猎杀。

像公牛和狗熊这类更危险的动物，则用链子将其拴在一起，让它们相互搏杀。手持长矛的男子会被派去斗杀花豹、狮子和老虎，但这些人反而常常被危险的动物撕碎。野兽还被用来对付国家公敌，这些国家公敌有时甚至被头朝下地钉在十字架上，任由野兽来攻击他们。有的犯人被要求穿上涂满沥青的短袍（tunic），然后被钉在十字架上，再被点燃。数千名基督徒被这样当作人肉火把公开处决，为尼禄皇帝举办的角斗表演照明。尼禄十分支持角斗士表演，他还喜欢为公开处决编造故事情节。有一次，他把一个人打扮成神话人物代达罗斯（Daedalus）的样子，用绳索吊着他飞过竞技场，然后让他掉落在竞技场里，被里面的熊生吞活剥。尼禄甚至亲自进入竞技场，有时他会披着野兽的皮，攻击绑在木桩上的男女。

其他皇帝也嗜好竞技场的鲜血：克劳狄喜欢观察角斗士临死前的表情，卡利古拉喜欢强迫病人、老人和残疾人战斗到死，康茂德则实打实地以角斗士的身份下场战斗。这位皇帝披着狮皮，手持棍棒，把自己比作神话中的半神赫拉克勒斯（Hercules）。他还自称是有史以来最伟大的角斗士。

然而，他在竞技场上的较量是一场闹剧，因为这位皇帝和他的对手拿的都是木剑。只有在紧闭的宫门背后，康茂德才会使用钢剑。他常在练习剑术时削掉陪练的鼻子和耳朵。康茂德在竞技场上的滑稽行为使他沦为公众和古罗马元老院的笑柄。角斗比赛是皇帝赐给民众的礼物，但同时也是一个需要斟酌自己出场身份的场合。聪明的皇帝会在享受比赛时做个热情的观众，同时也会保持其皇室尊严。提比略错在完

下图　这幅浮雕中的动物狩猎，也称斗猎表演，是角斗表演中的晨间项目。

上图　皇帝出席角斗表演是处理与民众关系的重要环节，但很多人没有理解到这一点。

全没有在比赛中现身；而康茂德则错在做得过了头。当他宣布自己将在193年身着角斗士的装束就任时，就已注定会迎来不体面的结局。

角斗士与观众

　　富人和穷人都前来观赛，竞技场成了古罗马社会的一个缩影：被称为贵族的富有公民穿着白色的宽松长袍（toga）坐在离赛场最近的位置，身份和地位较低的平民观众则穿着色彩鲜艳的短袍坐在他们的后上方。竞技场是公众舆论的超级放大器，混迹在人群中的普通罗马人觉得，在此表达对皇帝的不满不会被轻易发现。这一点必须小心，因为众所周知，某些皇帝容易被异见激怒，一旦听到就会对异见者展开报复。卡利古拉就说过，他希望竞技场的观众有着同一个脖子，这样他就可以一下子把他们全杀掉；图密善把一位观众扔进了狗群里，仅仅因为他说了一位鱼盔角斗士（*murmillo*①）的坏话——这是图密善最喜爱的一类角斗士。

精明的皇帝会给予人民想要的东西。提图斯会在一天结束时把木球扔到人群中，每一个木球都代表着一个礼物。皇帝拉拢观众更常见的方式，是让他们来决定战败的角斗士的生死。这种情景多发生在角斗快结束时，其中一名角斗士被打得丢盔弃甲、遍体鳞伤、无力招架时，他会竖起食指认输。然后，他的对手会将问询的目光转向观众："我该杀了他，还是放他一条生路？"这是在提醒观众可以旗帜鲜明地表明自己的意愿。观众们会伸出自己的手然后转动大拇指，表明这个战败者是该被立刻解决，还是免于一死②。想要让民众高兴的皇帝会随民众的意愿做出判决。而其他皇帝，诸如卡利古拉和图密善，则通过与民众唱反调来显示他们对人民的厌恶。

中图　我们对角斗士的了解大多来自罗马别墅中的镶嵌画，例如这幅来自内格拉尔，即如今的维罗纳市的镶嵌画。

下图　角斗士包括战俘、死刑犯和不听话的奴隶，他们被铁链锁住，送往角斗士学校。

———————

① 为方便区分拉丁文与英文，本书拉丁文部分使用斜体。——编者注

② 大拇指向上指是希望角斗士获得自由，向下则希望处决角斗士。——编者注

在角斗比赛中英勇战斗并赢得了观众尊敬的战败者通常会免于一死。观众期待看到每一位角斗士都在战斗中表现出造就了伟大罗马的种种美德，包括训练有素（*disciplina*）、蔑视死亡（*contemptus mortis*）、热爱荣耀（*amor laudis*）和渴望胜利（*cupido victoriae*）。而对于要被处决的角斗士，观众还会要求他们光荣赴死。他们要用双臂搂住对手的双腿，等待致命的剑刺入他们的胸膛。

权力与荣耀

罗马人要求角斗士应具有的美德在罗马军团士兵身上尽数体现。在雄心勃勃的将领指挥下，罗马军团征服了整个地中海世界的版图。对西西里岛、迦太基和地中海西部国家的入侵，为罗马成为有史以来世界上最强大的国家铺平了道路。从这些新领地掠夺的财富被一车一车运回罗马。

除了成吨的黄金、白银和青铜外，运回罗马的还有大量的奴隶和战俘。这些被征服的部族战士（例如高卢人和色雷斯人）所使用的武器及装备，被塑造成了最初的角斗士的武装。这让公众有机会在竞技场上看到罗马在战场上击败的敌人。许多曾与罗马为敌的外邦战士最终都被送往角斗士学校，这是一种耻辱（*infamis*）——名誉扫地，社会地位还不如演员和妓女。他们唯一的生存机会

就是刻苦训练，在竞技场上击败所有对手。只有最伟大、最受观众喜爱的角斗士才能获得象征自由的木制鲁迪斯之剑（*rudis*），得以永远离开竞技场。

在古罗马逐步扩张为一个庞大帝国的过程中，战利品为精英家族带来的财富也超出了他们的想象。许多家族攫取了大片土地，驱逐了土地上的罗马农民，让他们的新奴隶在田间劳作。元老院议员贪污腐败，中饱私囊，罗马的普通民众则变得一贫如洗。于是，一些军事"铁腕"人物横空出世，夺取了罗马控制权。这些人在现代仍为我们所熟知，如苏拉、庞培、恺撒。这些冷血将军们压根不关心元老院民主式的阴谋操纵或罗马共和国的意识形态主张。相反，他们想要权力，想要留下一笔能让他们名垂青史的政治遗产。

面包与马戏

尤利乌斯·恺撒知道，获得控制权的最佳方式是赢得罗马公众的支持。他向民众提供了古代世界从未见过的最宏伟的角斗比赛。他把钱和粮食送给罗马人民，为此不惜砸下重金甚至破产。但这是一次高超的政治行动，它为恺撒赢得了公众的喜爱与盛赞，并激发一位诗人创作出了流传至今的习语——"面包与马戏"（*panem et circenses*）。

恺撒用他的"面包与马戏"政策为其后追随他的每一位罗马领导者绘制了统治蓝图。然而，恺撒没有活到亲眼见证其政策取得全面成功的时候：元老院担心这位将军会成为暴君，于是在一次元老院会议上刺死了他。而恺撒的继任者奥古斯都则不折不扣地执行了"面包与马戏"政策，他成了罗马历史上首位也是最伟大的皇帝。

在奥古斯都的统治下，罗马发展成为一个帝国，这个帝国此后掌控了约 500 万平方公里的疆域，治下有 6000 万左右的臣民。罗马的成功得益于其坚定而务实的扩张方针。它把新征服的每一块领土都变成了小罗马。在新征服的每一座城邦中都增设了罗马的基础设施：供应淡水的渡槽，公共浴

上页下图　古罗马文明的成功建立在其杰出工程之上。其修建的渡槽为罗马市民提供了洁净的水源，有许多直到今天还屹立不倒。

上图　每个罗马城邦都配备有公共浴室、神殿、渡槽以及为角斗士表演而建的竞技场。例如上图中位于今西班牙昆卡市的塞哥布里加古城的竞技场。

下图　2013 年再次上演的角斗士比赛是为了纪念传说中公元前 753 年罗马城的建立。

下页中图　庞帕仪式（pompa）的重演，这是竞技场在举办角斗比赛前的入场式。

室，以及举办角斗表演的竞技场。各行省的精英阶层受雇向民众收税，并通过仿照首都制定的"面包与马戏"方针来维持当地的秩序。这一罗马统治体系被称为"罗马和平"（pax romana），该体系为罗马人民带来繁荣、安宁，以及那些世界最发达文明所具有的所有荣耀。最重要的是，它给了被征服领土上的人民成为罗马公民的机会。可到头来，帝国人民需要的某样东西罗马却无法提供：精神满足。

帝国兴衰

　　在首都，奥古斯都的继任者们，这些放荡不羁，有时甚至精神错乱的皇帝用帝国掠夺来的财富把罗马变成了一个堕落腐败之都。皇帝们肆无忌惮地展示着他们最邪恶的幻想，收买人心，采取愚民策略。帝王的游戏变成了持续数周的狂欢，同时他们还引入了全新、奇特的杀人屠兽方式。而在远离酒池肉林的罗马的其他行省，某种当时未曾被预见到的威胁开始形成。一场后来被称为基督教的宗教发起的运动为人们提供了在"罗马和平"时期无法获得的精神和道德指引。

　　正是这个来自东方的小宗教派别加速了罗马帝国的衰落，并最终颠覆了它。当基督教兴起时，罗马的渡槽、浴场和神殿却随着欧洲中世纪"黑暗时代"的降临而崩塌。破败荒废的竞技场遭遇洗劫，大理石板被掠去，杂草丛生。竞技场成为中世纪朝圣者前去参观处决殉道者的圣地。

　　在现代，数以百万计的游客涌向罗马斗兽场。在这里，他们可以试着想象成千上万古罗马公民的生活，那时的人们为了追求本能的愉悦可以去竞技场看上一整天的暴力比赛。游客可以凝视竞技场，惊叹于那些在这里因战斗而死去的人们，惊叹于将死亡和折磨变成一种娱乐形式的文明。

起源

　　我们今天所知的角斗比赛——武装角斗士之间两两肉搏直到一方死亡——从公元前 3 世纪起就成为罗马人生活的一部分。然而，这些竞赛的确切起源仍然是个谜。过去和现在的历史学家之间唯一的共识是，角斗士比赛并非起源于罗马。

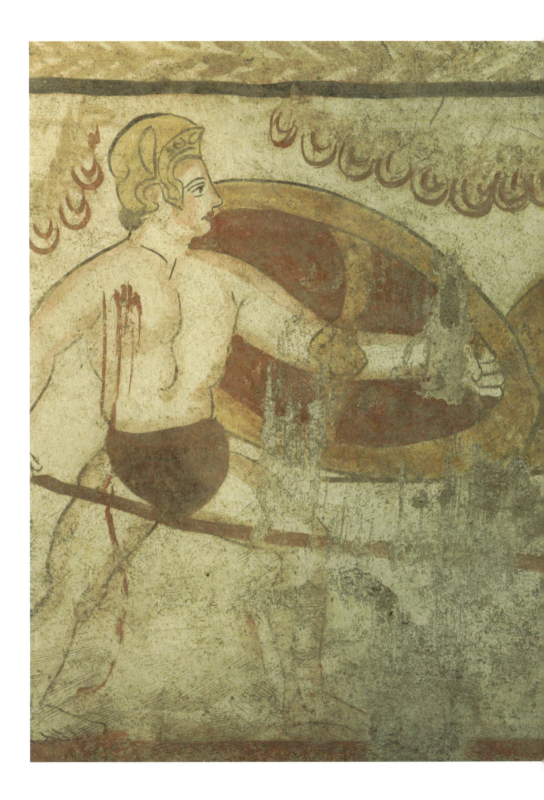

跨页图　在坎帕尼亚的帕埃斯图姆发现的这幅墓葬壁画是目前已知最早的角斗士画像之一。

右图　在罗马的戴克里先浴场装饰有一幅浮雕，上面描绘着一名胜利的追击角斗士（secutor）。

　　从广义上讲，角斗士的起源与重要人物葬礼上的血祭有关。在早期文明中，葬礼仪式中的活人献祭并不罕见。1922年，考古学家伦纳德·伍利（Leonard Woolley）发现了美索不达米亚的乌尔城，发掘出了今天被称为"死亡之穴"的王陵。这些古墓可追溯至公元前2600年，是集体殉葬的遗址，墓中王室家族与他们的殉葬随从埋在一起。因为这些随从的尸体在被发现时排列得整整齐齐，伍利猜测他们在到达最后的预定位置前就已服下毒药。

　　葬礼上献祭活人也是地中海文化的一个特征，比如青铜时代希腊的迈锡尼人就会在阵亡战士的葬礼上进行活人祭祀。他们相信洒在阵亡战士坟墓上的鲜血会帮助阵亡战士们走向来世。在《伊利亚特》中，荷马是这样描述阿喀琉斯是如何缅怀倒下的帕特洛克罗斯的：

　　然后他完成了艰巨任务，用他的青铜剑杀死了勇敢的特洛伊人的十二个高贵之子，点燃了柴堆，让无情的火焰蔓延。然后他呻吟了一声，并叫了他朋友的名字：向你致敬，帕特洛克罗斯，尽管你已在冥府。看我如何履行我的承诺。勇敢的特洛伊人的儿子们，火焰会将你们一并吞噬。而赫克托耳，普里阿摩斯之子，不会被火焰所噬，而是被狗撕咬。

　　　　　　　　　——《伊利亚特》，荷马著，塞缪尔·巴特勒译

上图　古代苏美尔城市乌尔的王室陵墓，位于如今的伊拉克。在乌尔城遗址中发现为贵族举办的葬礼仪式中有活人祭祀的环节。

费斯图斯，2世纪的学者，他认为角斗士的对决一开始实际上是作为一种并不那么残忍的替代品，以取代在战士墓前进行活人祭祀的活动。之所以发展成后来罗马流行的角斗表演，经常被归因于伊特鲁里亚文明，这一文明大量借鉴了希腊文明，又将其许多习俗传给了罗马人。众所周知，伊特鲁里亚人会在己方战士的墓前以战俘献祭，公元前1世纪大马士革希腊作家尼古拉乌斯的一句话也证实他们曾举办角斗比赛：

罗马人组织的角斗士表演，是从伊特鲁里亚人那里学来的习俗，不仅在节日时，在剧场里，在宴会上也会举办。有些人经常邀请他们的朋友来吃饭娱乐消遣，除此之外，可能还会安排两三对角斗士。当大家吃饱喝足后，便开始看角斗士表演。当有任何一个人的喉咙被砍断时，观看者们就会兴奋地拍手。当时，甚至有人会在遗嘱中明确表示，在他死后，他买来的最漂亮的女人要互相角斗，还有人可能会指定自己最喜欢的两个男孩来打斗。

——《欢宴的智者》，阿特纳奥斯著，S. 道格拉斯·奥尔森译

葬礼壁画

　　几个世纪以来，尽管缺乏确凿的证据支持，罗马角斗士起源于伊特鲁里亚人的理论依旧被广泛接受。值得注意的是，在伊特鲁里亚古墓发现的绘画中没有关于角斗比赛的描绘，而一般考古学家是将这些材料视为原始史料。最接近的例子是公元前6世纪在意大利中部塔尔奎尼亚的奥古斯墓中发现的伊特鲁里亚壁画。壁画中，一名男子被另一名用皮带牵着

下图　一位19世纪艺术家所描绘的《伊利亚特》中倒下的英雄帕特洛克罗斯与丧葬柴堆。

上图 这幅公元前 6 世纪在塔尔奎尼亚奥古斯墓中发现的伊特鲁里亚壁画，可引导出角斗士比赛起源于伊特鲁里亚的理论。

野猫的男子攻击。伊特鲁里亚理论的支持者认为，这幅壁画描绘了动物狩猎的场景，这一"节目"在之后出现在了角斗士表演中。持反对意见的人则认为，仍没有迹象表明武装战士在相互打斗，这种关联只是聊胜于无。

此后，20 世纪中叶，在意大利坎帕尼亚发现的壁画为角斗士起源之争提供了新的证据。在帕埃斯图姆市发现的一幅公元前 4 世纪的壁画描绘了葬礼上的一些比赛场景，包括一场战车比赛和两名手持盾牌和长矛的男子之间的打斗。站在两名战士身旁的官员模样的人说明了这是一场人为组织的比赛，而不是斗殴。

由于坎帕尼亚最初是希腊人的殖民地，有可能是在该地区，人们逐渐以两名战士之间的殊死搏斗取代了葬礼上的活人献祭环节。有一点毋庸置疑——坎帕尼亚变成了罗马时期角斗士的活动中心，顶级的角斗士学校和第一座石结构的竞技场都坐落在那里。后来恺撒大帝在坎帕尼亚的卡普亚城也拥有一所私人角斗士学校。

表演还是运动？

随着时间的推移，角斗士表演作为葬礼仪式的宗教意义逐渐淡化，这项活动开始变成纯粹的体育活动。基督教作家德尔图良（160—220）在谴责角斗比赛时抓住了这一点：

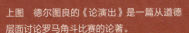

上图　德尔图良的《论演出》是一篇从道德层面讨论罗马角斗比赛的论著。

这一最著名、最受欢迎的表演还有待审视。自其成为一项服务以来，它就被称作"丧葬角斗"（munus）。古人认为，这种形式的表演是为死者提供的服务，而且与之前的残忍相比更温和、更文明。因为自古以来，人们相信死者的灵魂是要用活人的鲜血来抚慰的，所以在葬礼上，他们用俘虏或买来的地位较低的奴隶进行活人祭祀。后来这竟然成了一种乐事，他们倒也可以以此来遮掩对神灵的不敬。那些被买来的奴隶穿上最好的武装参加训练——训练的内容是如何被杀死！——然后在指定的葬礼上在坟墓前厮杀至死。他们在谋杀中找到了死亡的慰藉。这就是丧葬角斗的起源。但渐渐地，他们的高雅情趣和残忍同步进化；就因为节日上少了点乐子，他们就要让凶残的野兽加入，把人的身体撕成碎片。用来抚慰死者的东西被视为葬礼仪式。这就是偶像崇拜，因为偶像崇拜也是一种葬礼仪式。这两者都是为死者提供服务的，因为他们就宿居在死去恶魔的形象中。

——《论演出》，德尔图良著，S. 塞尔沃尔译

丧葬角斗

首次罗马角斗比赛是在富有贵族的葬礼上举行的。这种类型的葬礼被称为丧葬角斗，是死者的家人对死者履行的义务。这一死后义务有两个目的——一方面是为了纪念死者，另一方面是为了提高举办葬礼的家庭的声望。家族名声在古罗马非常重要，尤其是在贵族、统治阶级和少数控制元老院的权贵家族中。死者的成就不仅是对生者的提醒，也是一座闪亮的路标，鼓励家庭成员用它来衡量自己。因此，丧葬角斗提供了一个完美的借口，以死者的成就为幌子，炫耀生者的地位。出于这个原因，私人资助的丧葬角斗越来越奢华，花费越来越高昂，逐渐变成专为娱乐大众而设计。

上图　中世纪对罗马共和国时期丧葬角斗战士的描绘。

下页上图　马尔库斯·埃米利乌斯·雷必达是一位受欢迎的战斗英雄、贵族和执政官，他的丧葬角斗持续了三天。

第一场有记载的罗马丧葬角斗发生在公元前264年，是为了纪念一位名叫朱尼厄斯·布鲁图斯·佩拉的贵族。在这场丧葬角斗中，三对角斗士——他们被称作"*bustuarii*"，由"*bustum*"演变而来，指葬礼上火化尸体的柴堆——在罗马的屠牛广场（Forum Boarium）上两两决斗。在近50年后的公元前216年，执政官马尔库斯·埃米利乌斯·雷必达的儿子为纪念父亲举行了为期三天的丧葬角斗。有22对角斗士在罗马广场上表演。公元前183年，为了纪念普布利乌斯·利西尼乌斯而举行了一场规模更大的丧葬角斗仪式。这场比赛持续了三天，有 60 对角斗士参加，并为现场观众免费发放肉食。

在接下来的几年里，丧葬角斗的规模和知名度都与日俱增。随着罗马疆界的扩张，贵族们变得更加富有，他们举办的丧葬角斗也变得更加奢侈。

公众对此的态度也发生了变化，人们知道每一次丧葬角斗都会是一场盛大的活动，之后还会举行宴会，提供的食物是令人印象深刻的异国风味，包括野猪、野禽和母猪的乳房。在这个时期，对于渴望笼络人心的高调权贵来说，举办丧葬角斗的代价再高也不为过。

吉凶之兆

上图　李维在 142 卷书中写下了不朽的罗马史，此书在他有生之年成为一部备受推崇的经典之作。

古罗马历史学家李维对阿波罗神节的描述非常重要，这不仅是一份历史文献，还记录了罗马人看待世界的迷信方式。虽然不祥之兆要认真对待，但如果向诸神献上合适的供品，也可以避免灾祸：

阿波罗运动会在前一年举办过，当总督卡尔普尼乌斯（Calpurnius）提出第二年是否继续举办时，元老院通过了一项法令，称此项运动应当从此以后一直保持下去。今年观测到了一些征兆，并适时将它们记录下来。协和神庙顶上的胜利女神雕像被闪电击中，滚落到三角楣正前方的外墙上，被卡在那里没有再往下掉；在阿那格尼亚（Anagnia）和弗雷格莱（Fregellae），城墙和大门都遭到了雷击；在苏伯特姆广场上，鲜血流了整整一天；在埃雷蒂乌姆（Eretium），下了一场石头雨；在雷亚特（Reate），一头骡子产下了后代。面对这些不祥之兆，他们献祭成年男子以赎罪；还特别指定了一天为代祷日，并命令人民参加为期九天的宗教仪式。

——《罗马史》，李维著，B.O. 福斯特译

"当大家吃饱喝足后，便叫来了角斗士。当有任何一个人的喉咙被割断时，他们就兴奋地拍手。"

——大马士革的尼古拉乌斯

赛会

在罗马共和国早期，丧葬角斗由私人出资，不受国家监管。而国家自己举办的公开比赛则叫作赛会（*ludi*，包含宗教、体育竞技和文化活动的节庆），通常是为了感谢诸神或纪念军事胜利而举办。最古老的赛会是埃奎里亚节（*Equirria*）和康苏阿里亚节（*Consualia*），是为了纪念古罗马战神马尔斯和农神康苏斯而举办的赛马表演。随着共和国的发展，罗马历法中增加了越来越多的赛会，比如为了求得好收成，在春季举办的芙洛拉节（*Ludi Florales*），与会者会穿着五颜六色的衣服，观看各种马戏比赛，最后向芙洛拉女神献祭。

公元前 218 年，罗马对其宿敌迦太基发动第二次布匿战争。卡普亚城于公元前 216 年被迦太基主帅汉尼拔占领，彼时的赛会请求阿波罗神帮助他们，将迦太基人驱逐出卡普亚城。众所周知的是，首次阿波罗神节实际上是被打断了的。当时有人高喊，敌人到城门口了。观众以为汉尼拔真的来到罗马要将其洗劫一空，都纷纷跑去拿上武器，结果发现是虚惊一场。当时喊的那句"汉尼拔在城门前！"（*Hannibal ante portas*，指兵临城下，情况危急）很快成为一个流行谚语。公元前 211 年，卡普亚城被罗马军团夺回，汉尼拔被逐出意大利半岛。从那时起，古罗马人每年都会庆祝阿波罗神节。

阿波罗神节还为观众提供了除丧葬角斗外最常见的两种娱乐形式：戏剧（*ludi scaenici*）和战车比赛（*ludi circenses*）。罗马

上页图 古罗马广场的遗址今日仍然是旅游的热门景点。

下图 这面 1 世纪的浮雕展示了马克西姆斯竞技场上举行的战车比赛。

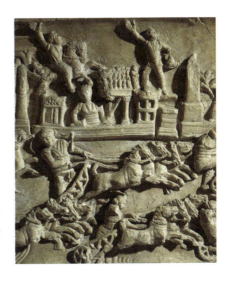

戏剧由默剧、喜剧和哑剧组成，主要是为取乐而上演的低俗闹剧。许多罗马贵族认为这种戏剧是对罗马价值观的侮辱，并坚决抵制这些演出。这也得到了元老院的支持，元老院为此颁布法令，禁止建造用于戏剧表演的石头建筑。结果，每场戏剧演出都必须先建造木质建筑，演完之后再拆除。罗马精英对于戏剧的憎恶贯穿始终。戏剧演员被认为是低级的，在社会阶层中也只比角斗士略高。尼禄皇帝后期醉心舞台，致使他自己的禁卫军忍无可忍，转而叛变。罗马参议员兼历史学家塔西佗在提到戏剧时的质疑态度与他看待角斗比赛的观点如出一辙：

> 在我看来，我们这座大都市有一些古怪又典型的恶习，几乎在母亲的子宫里就开始了——对戏剧演员的热情，对角斗士表演和赛马的狂热。
>
> ——《编年史》，塔西佗著，阿尔弗雷德·邱尔基、威廉·布里德里布译

与戏剧相比，战车比赛在罗马则备受大众喜爱，是被狂热追捧的盛大比赛。它如此受欢迎，以至于伊特鲁里亚国王塔克文·普里斯库斯专门建造了马克西姆斯竞技场来举办战车比赛。马克西姆斯竞技场首次启用便是在壮观的罗马节上，用于举办了持续多天的战车比赛。竞技场最初是用木头建造的，是一个巨大的 U 形竞技场，其阶梯式座位可容纳约 15 万名观众。

比赛包括四支队伍——红队、蓝队、绿队和白队——每支队伍都有罗马各阶层的

狂热爱好者。尼禄是这项活动的热烈支持者，有时他甚至会亲自驾驶战车下场比赛。通常赛车手驾驶两到四匹马的赛车绕中央柱状障碍物跑七圈，就算完成了一场比赛。每一场比赛都激烈无比，车手们用缰绳把自己绑在战车上，拼尽全力让其他车手发生意外。无论是马还是人，赛场上的死亡都很常见。

引进动物

公元前 2 世纪，随着野生动物的引入，马克西姆斯竞技场的赛会出现了新的转折。罗马公众对引入外来动物的比赛非常感兴趣。那些不同寻常、更为可怕的生物具有特别的吸引力，最受欢迎的动物包括大象、狮子、老虎、熊、野山羊和骆驼。庆典活动的承办方慷慨解囊，命人将来自北非和近东的动物诱捕进笼子并运到首都。这些动物被关在笼子里，经过马车、船舶的运输，颠簸几周之后，才终于到达了目的地，并且常因为恐惧、饥饿和疲惫而处于半疯癫状态。当置身于人声鼎沸的竞技场中，面对众人灼灼的目光时，一些动物甚至会龇牙咧嘴地攻击观众。

诗人克劳狄安描述了外国动物对罗马公民的吸引力：

> 曾是森林王者的野兽，如今在富丽堂皇的竞技场中供人取乐。獠牙尖利令人胆寒者，鬃毛华丽令人惊叹者，耸毛戴角令人畏惧者——林中一切美好的生灵、恐怖的野兽，都在此了。
> ——《在斯提利科执政期间》（ *On Stilicho's Consulship* ），
> 克劳狄安著

不久之后，人们决定将这些"林中猛兽"放养在竞技场周围的自然栖息地，尽管这些自然栖息地是人造的。在竞技场周围展示异国动物是一回事，在战斗中见到它们则是另一回事。马戏团建造了由树木、灌木丛和圆木组成的人造森林，为野兽斗猎或动物狩猎提供了舞台。在这里，这些动物会从笼子里被放出来，然后被斗猎士用矛、弓和箭猎杀。

上页下图　一面浅浮雕上描绘了早期角斗猎士同一头狮子、猎豹和熊作战的情景。

下页跨页图　对大象的屠杀最初始于游行结束后的马克西姆斯竞技场。

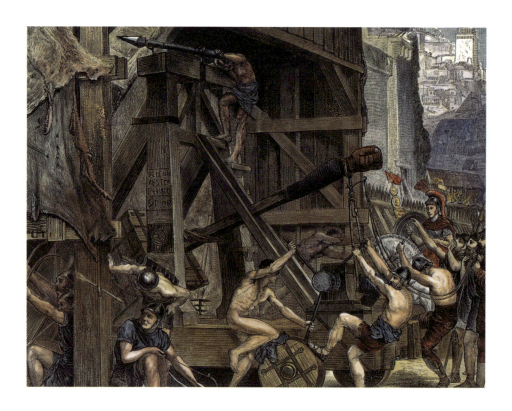

上图　这是公元前 146 年罗马人洗劫迦太基的一幕。弩炮的木桩上所刻的文字是"必须毁灭迦太基！"（*Delenda est Carthago!*），演说家加图的每一次发言都以此结尾。

下页上图　图中提比略·格拉古在罗马公民大会上投票罢免了保民官奥克塔维乌斯。

　　竞技场内的赛会成了罗马展示对其征服领土统治权的绝佳机会。自罗马军团首次侵略周边领土时，这一活动就开始了。公元前 252 年第一次布匿战争期间，执政官凯西里乌斯·梅特卢斯（Caecilius Metellus）在西西里战胜迦太基人后捕获了 100 多头大象，并把它们带回了罗马。作家兼军官老普林尼在书中记录道：每一次在马克西姆斯竞技场被展览示众的大象，都会被屠杀，因为没有人知道该拿它们怎么办。

　　罗马与迦太基的第一次布匿战争以罗马占领西西里岛告终。公元前 146 年，第三次布匿战争结束，罗马人终于彻底打败了迦太基人，并将他们的首都夷为平地。罗马人在此燃起熊熊大火，时至今日，在这座城邦遗迹中仍可以看到石头上烧焦的痕迹。罗马在打败迦太基后并没有止步。同年，罗马军团残酷镇压了科林斯的一场起义，然后洗劫了这座希腊古城。

　　针对迦太基和科林斯的军事行动及结果释放出一个明确的信号，即罗马绝不容忍任何异议。军事上的胜利还为罗马

"因为节日上少了点乐子，他们就要让凶残的野兽加入，把人的身体撕成碎片。"

——德尔图良

执政者的金库注入了大量财富。最重要的是，公元前146年，罗马完全控制了地中海西部，轻松证明了自己的力量势不可挡，即使是最伟大的古代文明也无法战胜它。

但罗马崛起为世界超级大国也意味着一股新的、未曾被预见到的力量的到来，它改变了罗马的历史进程。这股力量便是军方的"硬汉"：野心勃勃的统帅们撕毁了宪法，主宰了共和国的最后几年。为了掩盖他们的罪行并赢得民众的支持，这些人开始为大众提供越来越奢侈的游戏。他们与绝对权力只有一步之遥，这"一步"便是元老院的阻挠。元老院的存在阻止着专权者的出现。

共和国陨落

当罗马军团以雷霆万钧之势横扫域外文明时，元老院在国内却表现得一如既往。然而，罗马获取的大量土地与战利品将一切都改变了。

几个世纪以来，元老院一直为骑士贵族（Equestrians）所控，少数精英贵族垄断了所有的政府要职。从国外掠夺来的财宝源源不断地流入这些家族，让他们大发横财。许多人斥巨资买下农民的小片土地，兼并为大型地产。

下页图 公元前 121 年，盖约·格拉古迎来了和他的兄长提比略一样的命运。他被刺死，尸体被扔到了台伯河里。有约 3000 名支持他的人也被杀害。

小农场主被征召入伍，田地无人耕种，而且农场常常因农场主陷入债务危机而荒芜、瘫痪。有权势的元老们很快将田产收入囊中。农民们别无选择，越来越多的人被迫沦为失地平民，靠在罗马工作谋生。这个包括退伍军人在内的庞大的群体开始心生不满，在元老院众财阀的压迫下怨声载道，群情激愤。

元老们选择无视平民的困顿，如黄金般的麦穗源源不断地填满了他们的粮仓。在提比略·格拉古和盖约·格拉古这两位充满理想主义的平民保民官兄弟出现之前，几乎没有人能改变这一局面。格拉古兄弟曾进行一项广受人民支持的土地改革，通过土地改革，似乎恢复了一丝共和国体制往昔的公平公正。

格拉古兄弟的改革旨在重新分配罗马占领的新土地，将元老院掠夺没收的农田归还给平民，使耕者有其田。元老院显然不会遵从这些举措，于是格拉古兄弟通过当选为平民保民官，来推动这些措施的落实。这是一个为保护平民利益而设立的政府官职，他们有权通过罗马公民大会进行立法。当格拉古兄弟强力推行了这一政治策略时，元老院能做的只有妥协。

由此产生的报复按照熟悉的套路展开，即针对个人的突然袭击。公元前 133 年，几名元老院议员在卡比多山乱棍打死了提比略，12 年后，他的弟弟盖约也以相似的方式惨遭杀害。欣慰的是，盖约在被谋杀的那一年，拆除了罗马竞技场的座位，为公众提供了免费的看台。此举也触动了地方行政官的利益，因为他们本打算靠租售座位牟利。罗马统治者痛恨格拉古兄弟，最后兄弟俩的尸体都被扔进了台伯河——这是只有对最不光彩、最耻辱的罗马公敌才会采取的严重羞辱。

元老院对格拉古兄弟残忍与血腥的谋杀史无前例，此举也暴露了罗马共和国的阴谋诡计。格拉古兄弟找到了法律中的一个漏洞，这一发现逐渐瓦解了元老院对罗马的严密控制，现在，任何年轻政客都有机会先成为一名保民官，只要在罗马公民大会上通过他们的个人提案，他们就可能一步步走向权力的金字塔尖。然而这项新制度对元老院来说却是雪上加霜，前景堪忧。毕竟那些效仿格拉古兄弟的人并非都是怀揣着理想主义的年轻政客，他们也未必想改善当下的境况。相

反，他们大多是有权势的军事领袖，唯一的目标就是步步高升，最终夺取政权。

统帅崛起

　　他们中的卢基乌斯·科尔内利乌斯·苏拉便是一位天赋异禀且饱受争议的统帅。他脸上的红皮肤满是雀斑，眼睛是铁灰色的。彼时的罗马政府从没有向士兵支付酬劳的规定，而是由每一位统帅用战利品给各自的军队分发酬劳。因此，罗马的军事领袖得到了基本私有化军队的大力支持，这些军队首先是对他们的统帅负责，其次才是对国家负责。

　　苏拉辉煌的军事成就为他赢得了执政官一职，还有他觊觎已久的"禾冕"（草冠，*Corona Graminea*）。所以，当他统领的军队受到阴险的元老院成员威胁时，苏拉干脆带领军队杀进罗马。跨过卢比孔河①——意大利东北部一条泥泞的浅红色河流——是这位统帅采取的最具象征意义的武装行动，苏

---

① 卢比孔河是高卢行省与意大利之间的分界河。罗马共和国的法律规定，任何将领不得率军越过卢比孔河，否则就会被视为叛变。——译者注

拉此举，相当于在罗马共和国的棺材板上钉上了第一枚钉子。

在公元前 82 年第二次攻占罗马之后，苏拉开始发布官方禁令——在古罗马城市广场张贴所谓的国家公敌名单。从那以后，恐怖统治的阴霾笼罩了全城。大多数国家公敌永远销声匿迹，另一部分人的首级则被铁钉钉在了城市广场。被苏拉解放的奴隶们后来都跟他同姓，他们在苏拉手下大肆屠杀。随着苏拉的亲信随意在名单里添加新的名字，死亡名单上的人数激增。最后，据说被杀的总人数高达 9000 余人。靠着从国家公敌手中没收的钱财地产，苏拉得以犒劳他统领的 12 万大军。惊慌失措的元老院只能乖顺地袖手旁观，同时在苏拉的苛政下交出独裁官的大权。

令人费解的是，当元老院提名让他手中的大权合法化时，苏拉却开始尝试恢复元老院的权力。他让平民保民官和公民大会形同虚设，命令统帅们非元老院允准不得带兵参战。公元前 79 年，苏拉隐退到自己的别墅，过起了声色犬马的生活。他在退隐一年后死去，死因疑似肾衰竭。

苏拉留下的遗产就是为他政治上的后继者提供了毁灭罗马共和国的策略。其中两人——格涅乌斯·庞培和盖乌斯·尤利乌斯·恺撒——最终会将罗马共和国送上绝路。

上页下图　因不满元老院对其的所作所为，苏拉带领军队踏入罗马。元老院的回应则是授予苏拉独裁官一职。

下图　苏拉在广场上张贴的国家公敌名单。每一名公敌都会被借机谋杀，他们的财产被没收后作为军饷发放给苏拉统领的士兵。

"如果苏拉可以，我为什么不能？"

——庞培大帝

上图 这幅公元前 1 世纪土耳其以弗所城的墓碑浮雕上，刻有三名战斗中的角斗士，最右边的角斗士手持三叉戟，可能是一名渔网角斗士（ retiarius ）。

格涅乌斯·庞培，是一位野心十足的贵族，曾是苏拉麾下的统帅之一，凭此身份声名鹊起。他在非洲和西班牙战争中战无不胜，后来还大力镇压了地中海的海盗，这些赫赫战功为他赢得了罗马民众和有关部门的支持，元老院将军事控制权拱手相让，还为他举办了凯旋仪式。庞培甚至在一场战斗中被召回，前去帮忙镇压斯巴达克斯领导的角斗士叛乱，虽然他赶到时战事已接近尾声，但他还是独占了功劳。

有了苏拉的前车之鉴，元老院自然会提防着庞培，在一次偷听后他们的戒心尤甚，庞培那时发出狂妄的言论："如果苏拉可以，我为什么不能？"为了追随他的领袖，庞培着手废除了苏拉担任独裁官时留下的制度。他恢复了平民保官和公民大会的权力，并且很快在这些部门安插了自己的心腹。这样庞培就可以随意否决元老院的任何提案，而他自己的提案则可以由公民大会通过。然后，他与马库斯·李锡尼·克拉苏和尤利乌斯·恺撒联手成立了第一个三头政治同盟，通过颠覆元老院的统治来为自己的财富大厦添砖加瓦。最后，战争、贪婪、野心和背叛让同盟的三名成员都沦为了罗马共和国灭亡坟冢里的陪葬品。

尤利乌斯·恺撒（前 100—前 44）

公元前 100 年，恺撒出生于一个古老的罗马家族。作为一名杰出的将军、演说家和政治家，他知道掌控罗马的力量在于赢得人民的欢心。没有什么比一场精彩的演出更能让民众高兴了。为此，他不惜代价举办赛会和丧葬角斗来赢得民众的支持，

恺撒的表演

苏维托尼乌斯是1世纪的贵族，因其所著罗马皇帝传记而闻名。他讲述了尤利乌斯·恺撒的表演：

恺撒举办各种各样的表演。有角斗士的比武、在罗马全城每个区举行多种语言的戏剧表演，还有竞技场的战车比赛、运动员比赛和模拟海战。在城市广场的角斗比赛中，出身大法官家族的弗利乌斯·列普提努斯和律师与前元老昆图斯·卡尔本努斯都亲自下场进行了殊死搏斗。来自亚细亚和比提尼亚的王公子弟大跳皮洛士剑舞。有一出剧是德西默斯·拉贝里乌斯自编自演的，他是位骑士，虽然这样做有失身份，但他表演后得到了五千金币，还拿回了彰显他骑士阶级身份的金指环——如此他便可径直从台上走向乐池，走到专门留给骑士等级的第14排座位。为了赛马，竞技场两头加长，四周挖了宽宽的壕沟。一些贵族年轻人驾着四马或两马战车，或双马并驭，从这匹马背跳到那匹马背上。

上图　苏维托尼乌斯的《罗马十二帝王传》结合了史实记载与民间杂谈，这一著作使作者名垂青史。

一种据说是由埃涅阿斯创立的名为特洛伊战争的游戏，由两队年轻男孩组成的童子军表演，其中一组要稍年幼些。野兽斗猎的表演会持续五天，这一娱乐项目以两支军队的交战为压轴戏，双方各用500名步兵、20头大象、30名骑兵。为了让两边阵营能正面交锋，恺撒移走了竞技场中心用于战车比赛绕行的标柱。运动竞赛在马斯广场临时搭建的体育馆内举行，持续了三天。

在较小的科戴塔原野上挖了一个人工湖，由装载了大量战士的推罗舰队和埃及舰队的双列桨、三列桨、四列桨舰船进行海战。从四面八方赶来观看表演的人非常多，许多人只好在大街小巷或道路两旁支起的帐篷里过夜，有的甚至睡在房顶上，因为拥挤，常常有许多人被践踏致死，其中还包括两名元老。

——《罗马十二帝王传》，苏维托尼乌斯著，J.C. 罗尔夫译

下图　普鲁塔克记载，西塞罗在谈到恺撒时说："当我看着他梳得一丝不苟的头发，看他用一根手指搔着头，我无法想象此人竟能犯下推翻罗马宪法这样的弥天大罪。"

在政界青云直上——从财务官、营造官直到大祭司。

苏维托尼乌斯描述恺撒"身材高大，皮肤白皙，四肢匀称，有点过分注意自己的外表，总是让人仔细地给他理发修面"，他在公开演出中毫不吝惜地花钱。在他政治生涯的早期，恺撒在马克西姆斯竞技场组织了一次赛会，还为野兽斗猎表演引进了400头狮子。这些昂贵的费用支付，让恺撒为了来日的成功负债累累。

自我推销和宣传是恺撒的关键策略，正因如此，他为自己父亲举办的丧葬角斗表演和以往完全不同。而且是在他父亲死后20年才举办的，这也让德尔图良评价道："这类公共娱乐已经从对死者的赞美变成了对生者的赞美。"

恺撒要举办丧葬角斗表演的消息惊动了元老院，元老院立即提案要求任何丧葬角斗表演的角斗士人数不得超过320人。官方理由是数百名武装角斗士的聚集会对国家产生威胁——斯巴达克斯的叛乱就是前车之鉴。但事实上，这是对恺撒本人的限制，元老院担心角斗士们会为实现恺撒路人皆知的远大抱负起到什么作用。

公元前59年，恺撒在三头同盟另外两位成员的帮助下，靠巨额贿赂当选为执政官。此后他又获得了征战高卢的军事指挥权，战利品使恺撒变得富有。财富的聚集和军事规模的日益庞大招致三头同盟之一——庞培的嫉妒。接着元老院又吹来耳边风劝说庞培，罗马只容得下一位伟大的总督。所以当元老院决定收回恺撒在高卢的军事指挥权时，庞培并没有支持他这位所谓的盟友。克拉苏在战争中阵亡后，庞培和恺撒便反目成仇，前三头同盟完成了其历史使命。随后元老院向恺撒提出了一个不可能的要求——解散军队，回到罗马。这意味着要恺撒手无寸铁地接受元老院的命运安排。他没有妥协，而是像苏拉一样，率领大军跨过卢比孔河，掀起了罗马史上最血腥的内战。

上图　公元前 49 年，恺撒率兵跨越卢比孔河，此河分割了意大利与其高卢行省。

然而，元老院在这场战争中的作用，就像此前他们让庞培、恺撒二人鹬蚌相争的决定一样，让人困惑。元老院一边努力想要维护共和国的完整并阻止暴政，一边却支持这位自恋的统帅，认为他很快就会为自己加冕，到时就会像他打败的那位统帅一样受到人们指控。随着恺撒夺取了控制权，共和国的宏伟理想已经从人们的脑海中淡去。共和国时代正在转变为个人时代，新罗马帝国距离被皇帝统治只剩最后一击。

回报与改革

恺撒击溃庞培的军队，并对他这个克星穷追不舍，穿过意大利、希腊，一直追到埃及。据说当庞培的头颅被送到他面前时，他落了泪。如今他已是公认的主宰，是元老院选定的独裁官，任期十年。恺撒本可以趁这大好时机，沿用苏拉的恐怖统治来将他的政敌们赶尽杀绝。但他却对那些人仁慈而慷慨。这是一个致命的错误。

在恺撒死前的一段时间里，他证明了自己可以仁慈地对待罗马人民，就像他之前对待元老院里那些凶残的对手一样。他大兴土木，为失业者提供了工作机会，通过债务改革减贫纾困，还举办了罗马最奢华的运动会。他的土地改革建立在理想主义的格拉古兄弟政举的基础上。恺撒送给民众的礼物不止这些，苏维托尼乌斯写道：

下图　战胜庞培后，恺撒
由元老院任命为独裁官，
并为其举办凯旋式。凯旋
式上的表演包括斗猎项目
和随后的角斗士比赛。

他开始用高卢之战的战利品建造新的广场，仅地皮就花了一百多万金币。然后他宣布为纪念女儿朱莉娅，将举行一次角斗士表演和一次宴会。这是一件史无前例的事情。为了尽可能提高人们对这些活动的期望，他让家人也准备一部分宴会物资，另一部分由市场承包商提供。他下令，凡是著名的角斗士，如果在角斗中未得到观众的喜爱和赦免，则要被强行救出免于处决，留待下次表演。初学者也会得到训练，但不是在角斗士学校里由职业教练指导，而是在家里由罗马骑士甚至精通武艺的元老训练。从他的信札里可以看到，他真诚地恳请这些教练特别关照和亲自指导这些新手。他总是给军队发双饷。在粮食充足的时候，他不拘形式、不限数量地给他们分发奖赏，还不时地从高卢战俘中分给每人一个奴隶。

——《罗马十二帝王传》，苏维托尼乌斯著，
汤姆森、福雷斯特译

谋杀恺撒

上图　意大利画家文森佐·卡穆奇尼绘制的《恺撒之死》局部图。

当他就坐时，阴谋者向他围拢过来，好像要献殷勤。带头的提留斯·辛布尔走上前来，好像要问什么。恺撒做了个手势让他等一等，但辛布尔抓住了恺撒的肩膀。"这是暴力！"恺撒喊道。当他转过身去的时候，卡斯卡兄弟中的一个人挥着匕首刺向他喉咙下方。恺撒抓住卡斯卡的胳膊，用他的铁笔刺穿过去；在他想跃起身时，又一把匕首刺中了他。面对四面八方刺出的匕首，他把长袍的顶部拉到脸上，同时松开下摆的缚带，让长袍的下摆落在脚上，这样他就可以体面地盖住双腿死去。他站着被匕首刺了 23 刀，没有说出一句话，只在被卡斯卡刺中第一刀时哼了一声。虽然也有人说，当他看到马尔库斯·布鲁图要第二个上前行刺时，他用希腊语责备他说："也有你，我的孩子？"

——《罗马十二帝王传》，
苏维托尼乌斯著，罗伯特·格雷夫斯译

恺撒除了举办比赛，还赠予罗马人民礼物：每位公民都能得到 10 蒲式耳谷物、10 磅油和 400 塞斯特提①。恺撒还免费为大家分发肉类，两次为全城人民提供早餐。"面包与马戏"的时代已经到来。至此，角斗表演的本质已然清晰。这一活动曾是为纪念死者而举行的宗教仪式。只不过恺撒把它变成了皇帝送给臣民的礼物——用一些廉价的刺激来麻痹罗马人民。这是一个巧妙的手段。恺撒比任何人都清楚，在罗马，最后都是人民说了算——这些人只要稍有不满就会成为骚乱的暴民。正是在其军队和罗马民众的支持下，恺撒登上了最高权力的宝座，成了罗马的无冕之王。

问题是恺撒忽略了在他眼皮底下秘密谋划的暴徒——元老院。在公元前 44 年 3 月 15 日，一群元老在庞培剧院建筑群中的一间议事厅刺杀了恺撒。

---

① 蒲式耳为当时计量干散颗粒所用的容量单位，1 蒲式耳相当于 35.238 升。1 磅约等于 454 克。塞斯特提为罗马共和国时期的一种小银币，面值 1/4 第纳尔银币。——译者注

清洗与宣传

　　行刺者为谋杀恺撒的行为申辩道，这是将一位想为自己加冕的暴君赶下台的必要之举。他们错以为罗马人民会与他们站在同一阵营，可并非如此。对平民来说，恺撒给他们带来了富足生活，是他们权利的捍卫者，是恩人，是所向披靡的英雄。同时，恺撒还进行了合理的改革，带来了稳定的局势，使得人民终于能在元老院玩弄权术的阴谋诡计中得以喘息。罗马人民拥戴恺撒，现在他走了，他们怒吼着要处决凶手、血债血偿。

　　恺撒的行刺者打算将这位独裁官抛尸台伯河，并按照传统没收他的财产。但由于担心恺撒的得力助手兼执政官马克·安东尼会复仇，他们只得先撤退到别墅里等待消息。与此同时，恺撒的遗嘱在马克·安东尼的家中宣读。遗嘱中，恺撒指定自己的侄子盖乌斯·屋大维为继承人。虽然才 18 岁的屋大维面色苍白、憔悴，但日后他将成为罗马最伟大的统治者奥古斯都，带领罗马进入一个全新的帝国时代。

　　恺撒葬礼那天，万人悲悼，群情激昂，恺撒血淋淋的长袍被安放在战神广场（Campus Martius）的象牙殡床上。马克·安东尼宣读了众元老此前发誓要守卫恺撒人身安全的誓言，这进一步点燃了人们的情绪。这一戏剧性的打击决定了恺撒行刺者

上页图　马克·安东尼展示了恺撒血淋淋的长袍，宣读了元老院此前保护独裁官的誓言，这让哀悼的群众陷入了疯狂。

上图　罗马公民大会上的众人很快变成了愤怒的暴徒，将恺撒的刺杀者赶出了城市。

的命运。随后的后三头同盟——由安东尼、屋大维和马尔库斯·雷必达组成的联盟——发起了一场清洗运动，在追捕恺撒的谋杀者时毫不留情。据苏维托尼乌斯写道：

> 实际上，他的谋杀者中几乎没有谁在他死后活过三年的，没有谁是老死或病死的。所有人都被判有罪，并以不同的方式横死——一部分人死于船只失事，一部分人死于战争，还有些人用刺杀恺撒的同一把匕首自杀。
>
> ——《罗马十二帝王传》，苏维托尼乌斯著，J.C. 罗尔夫译

在公元前42年的腓力比之战中，后三头同盟击败了谋杀恺撒的凶手，并瓜分了罗马统治权。可以预见的是，这种权力共享并没能持续下去。屋大维谎称雷必达有叛乱之罪，将其流放国外，接着发起了针对马克·安东尼的宣传运动。马克·安东尼和他的情妇克利奥帕特拉——埃及最后一位法老，在亚克兴海战中被屋大维彻底击败。两人后来都以自杀结束生命。

最终，屋大维，也就是后来为人熟知的奥古斯都，成了恺撒死后唯一笑到最后的人。元老院在谋杀恺撒时就命途已定，这一权力机构已名存实亡，只不过退居幕后苟延残喘罢了。幸运的是，恺撒已经把帝国统治的蓝图、策略留给了他的后继者。要控制人民，只需用"面包与马戏"来收买人心。随着帝国时代的发展，这些赛事将达到罗马共和国时期无法企及的奢侈程度。皇帝和帝王崇拜的兴起，使这些比赛从葬礼仪式上的简单决斗演变成场面盛大的血腥杀戮。共和国的时代——限制竞技场上死亡人数的时代——现在已经彻底结束。

"实际上，他的谋杀者中几乎没有谁在他死后活过三年的，
没有谁是老死或病死的。所有人都被判有罪，
并以不同的方式横死。"

——苏维托尼乌斯

斯巴达克斯

关于角斗士的信息大部分来自墓葬铭文、镶嵌画和像庞贝古城这样的考古现场发掘出的武器。偶有同时代的作家会描述英勇角斗士们的武艺，比如马提亚尔对普里斯库斯和维鲁斯对战的描述称，他们在斗兽场开幕日那天进行了一场史诗般的战斗。但大多数角斗士仍然籍籍无名，他们的故事也被人遗忘了。

然而，有一位更为人熟知的角斗士——斯巴达克斯，他的故事广为流传。斯巴达克斯曾是一名士兵，他最大的愿望就是逃离竞技场回到家乡。其间，他带领奴隶和角斗士们奋起反抗，这次起义动摇了罗马共和国的根基。

斯巴达克斯来自卡普亚城的一所角斗士学校，该学校以训练严酷闻名。学校里的角斗士除训练以外饱受凌虐，食不果腹，遭铁链禁锢。此后他将和其他强健的奴隶一样——被送往竞技场。在竞技场，如果不想死，就要战斗到最后。

然而，斯巴达克斯并没有坐以待毙。他和其他 78 名同伴从角斗士学校的厨房里偷了刀，制服了警卫，逃了出来。由高卢人克雷斯、奥诺梅耶斯和色雷斯人斯巴达克斯领导的起义军偶然发现了一辆运送武器到另一所角斗士学校的马车并将其劫掠。角斗士们全副武装，前往维苏威火山山顶，在那儿设立了临时据点。

当角斗士起义的消息传到罗马时，元老院

上页上图　公元前 31 年，亚克兴海战以马克·安东尼和克利奥帕特拉的失败告终，屋大维成为罗马帝国首位皇帝。

下图　一幅 19 世纪的杂志插图描绘了斯巴达克斯在卡普亚城的竞技场上的表演。

1960 年由柯克·道格
拉斯主演的"草莽英雄"
票房大片《斯巴达克斯》
耗资 1200 万美元，此
前导演斯坦利·库布里
克几乎名不见经传。

KIRK
DOUGLAS

LAURENCE
OLIVIER

JEAN
SIMMONS

CHARLES
LAUGHTON

PETER
USTINOV

JOHN
GAVIN

AND

TONY
CURTIS
AS ANTONINU

A STANLEY KUBRICK FILM

SPARTACUS

FILMED IN SUPER TECHNIRAMA 70

派裁判官盖乌斯·克劳狄乌斯·葛雷博去解决这些逃犯。尽管没有人觉得角斗士会带来什么威胁，葛雷博还是带了3000名士兵以保无虞。他在维苏威火山的底部安营扎寨，封锁角斗士们的唯一出口——上下山的路只有这一条。接着他发起了一场小规模围攻，但葛雷博错误地低估了角斗士们的聪明程度，正如普鲁塔克所描述的：

> 山顶上长满了野生藤蔓，他们砍下一切可用的枝条，拧成牢固的绳梯，梯子的长度足以从山顶沿崖面一直到达山下的平地。他们都搭着梯子安全地下了山，只留下一个人在山顶处理他们的武器，此人等所有人都下去后把武器扔下去给他们。任务完成后，他也安然无恙地从山顶下到平地。罗马人对这一切一无所知，角斗士们从后方包抄，攻其不备，打得他们措手不及，一举击败军队，接着占领了他们的营地。
>
> ——《克拉苏传》，普鲁塔克著，雷克斯·华纳译

角斗士军队

葛雷博落荒而逃，角斗士杀死了他的副官，用他们的武器武装了自己。斯巴达克斯获胜的消息不胫而走，很快，成千上万的奴隶纷纷前来投奔。斯巴达克斯开始率领一支强大的角斗士军队，以风卷残云之势迅速占领了坎帕尼亚的多个罗马军营

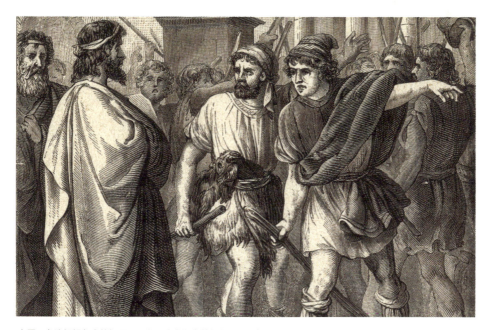

上图　在这幅想象中的场景里，斯巴达克斯穿戴着角斗士的装备。

和城镇。他们的成功在意料之中：他们不是一群手无寸铁、聚众闹事的奴隶，而是一支武装精良、经验丰富的战斗部队。他们接受过斯巴达克斯和克雷斯的角斗士专业训练。在进行了一段时间的恐怖袭击后，角斗士军团开始让罗马方面感觉到了威胁。这一次，元老院派出了两个军团，分别由执政官格涅乌斯·科尼利厄斯·楞图鲁斯·克洛狄阿努斯和卢基乌斯·盖利乌斯·普布利科拉指挥。而角斗士军团这边，克雷斯在与斯巴达克斯发生分歧后，脱离了起义军的大部队，带走了角斗士中的高卢人和日耳曼人。盖利乌斯追击并摧毁了克雷斯这支脱离了组织的队伍。然而，盖利乌斯的好运转瞬即逝。斯巴达克斯领军迅速解决了倒霉的楞图鲁斯统领的军团，随后也击败了盖利乌斯的军队。

罗马严阵以待

这一消息让元老院惊恐不已。自伟大的迦太基统帅汉尼拔率领战象翻越阿尔卑斯山以来，罗马还没有再度陷入此等险境。现在看来，斯巴达克斯手下的人数和他的军事知识都对首都罗马构成了严重威胁。紧急时刻，元老院向著名的将军——马

跨页图　在与罗马军团进行最后的生死决战前，斯巴达克斯在众人面前破釜沉舟，杀死了自己的马。

库斯·李锡尼·克拉苏寻求帮助。克拉苏作为苏拉的将军之一声名在外，后来成为前三头同盟的第三位成员。他在为罗马征战海外以及随后侵略意大利时掠夺了大量财富，成为罗马历史上最富有的人。为了对付斯巴达克斯，克拉苏自费组建了一支军队，然后开始追击这群角斗士。

克拉苏步步紧逼，斯巴达克斯和他的军队节节败退，从卢卡尼亚撤退到了意大利南部海岸。他计划从这里乘坐西里西亚海盗船逃往西西里岛。斯巴达克斯本打算在西西里岛组建一支强大到可以打败罗马的奴隶军队，但西里西亚海盗不守信用，将他们丢在了意大利半岛的最南端。

由于担心叛军会转而进攻罗马，克拉苏命令他的军队挖一条壕沟，切断斯巴达克斯向北撤回的退路。克拉苏与其军队时运不济，节节败退，在数百名士兵逃离后，他开始实行十一抽杀律①——每十人一组抽出一人处死。普鲁塔克解释道：

> 这是一种传统的惩罚士兵的方法，已有许多年不曾用过，克拉苏现在又重新采用了这种刑罚。受到这种惩罚的人不仅失去了生命，而且行刑过程会让全军营的人围观，处决现场的情状野蛮至极，令人发指。
>
> ——《克拉苏传》，普鲁塔克著，雷克斯·华纳译

尽管克拉苏向其手下表明，他们的将军比斯巴达克斯更厉害，但他自己也嗅出了时局不利的味道。他担忧地发信要求元老院召回在西班牙战事中的庞培和在色雷斯战场上的卢库鲁斯以支援他的行动。如此严阵以待不无道理：克拉苏挖下的壕沟轻易便被斯巴达克斯解决了，他们只需用倒下的树木填平一段壕沟，就能带领军队轻松跨过去。但对于这位角斗士将领来说，形势也已发生剧变，他的士兵们被胜利冲昏了头脑，要求与克

---

① 十一抽杀律是罗马军团对叛乱或者大规模临阵脱逃的部队士兵施以集体惩罚的一种手段。要被处以十一抽杀律的部队将被分为每十人一组进行抽签，抽出一人处死，通常是用石头砸死或者用棍棒打死。——译者注

本页图 画中斯巴达克斯的一名手下临死还在保护他。但事实上，斯巴达克斯已被众人抛下，独自面对自己的命运。

拉苏的军团正面作战。面对兵变，斯巴达克斯被迫同意了士兵们的要求，并为军队的最后进攻做好了准备。普鲁塔克描述了这一场景：

　　斯巴达克斯见无可转圜，便让全军摆成阵列。有人牵来他的马，他拔出剑杀掉马说，如果得胜，他将从敌人那里得到很多良马，如果失败，他也就不需要任何马了。然后他冒着飞矢，

> "他仍独力奋战，在敌人的重重包围下，他直到被砍倒时
> 还保持着抵抗的姿势。"
>
> ——普鲁塔克

越过遍地伤员，直向克拉苏杀去。虽然他杀死了迎面奔来的两名百夫长，却没有突破重围到达克拉苏身边。最后，他的同伴都抛下他逃跑了，他仍独力奋战，在敌人的重重包围下，他直到被砍倒时还保持着抵抗的姿势。

> ——《克拉苏传》，普鲁塔克著，雷克斯·华纳译

　　不巧的是，庞培及时赶到，除掉了许多从斯巴达克斯麾下掉队的散兵，将镇压叛乱的功劳全部据为己有。此后庞培享受了罗马为他举行的盛大凯旋式，而迎接克拉苏的只是一个简单的小凯旋式。不过，克拉苏对从斯巴达克斯军队抓获的 6000 名战俘毫不手软。每个战俘都被钉在亚壁古道沿路的十字架上。亚壁古道是最原始的罗马道路，为了镇压公元前 312 年萨莫奈人的起义而修建。

　　斯巴达克斯以卑微的角斗士身份动摇了罗马的根基，但这一传奇再无上演的可能。罗马秉承着一贯的务实天性，从角斗士起义中吸取教训，改革制度全力规避了这种风险。他们是这样做的：规定角斗士不训练时就要被关起来，每天训练结束时要收回他们的武器。这样，罗马再也不会受到角斗士起义的威胁。

强大而危险的力量

　　普鲁塔克对斯巴达克斯的描述来自他关于克拉苏的传记。普鲁塔克这样描述斯巴达克斯：

　　他是一个来自游牧部落的色雷斯人，不但孔武有力，而且具有超出本人家世财产所赋予的文化教养和智慧才能。同一般的色雷斯人相比，他更像是一个希腊人。据说当他第一次被带到罗马售卖为奴时，有人看到一条蛇盘绕在他睡梦中的脸上。他的妻子，一个和他来自同一部落的女预言家，时常假托酒神降身而如醉如狂，声称这是一种巨大的、令人生畏的力量征兆，它将保佑他飞黄腾达。这个女人同他一道逃走并和他生活在一起。

> ——《克拉苏传》，普鲁塔克著，伯纳多特·佩林译

皇帝的角斗赛

奥古斯都时期的角斗赛可谓盛况空前。皇帝花费大量金钱用于设计新颖独特的方法来屠杀人畜，只为娱乐成千上万猖獗狂吠的观众。奥古斯都时代的角斗赛为之后的统治者立下了"皇帝赐予子民礼物"的标杆。

公元前 27 年，屋大维在战场上大获全胜，成了罗马血腥内战的幸存者。之后他大张旗鼓地将权力交还给元老院。元老们则焦虑地等待着，想知道屋大维是否会加冕称帝。而屋大维却回避此事，转而借助"元首"（也称"首席元老"和"罗马第一公民"）这一新头衔，巩固了自己不容置疑的罗马领袖地位，并获"奥古斯都"称号。随后，他掌控了罗马的大部分行省，只将少数几个行省交由元老院管辖。各元老院行省通常不设常备军，以防有人谋反。

奥古斯都（前 63—14）

奥古斯都表面上支持元老院行使权力——元老院仍可召开会议磋商议事，并可通过立法来处理诸如建筑物改造等细枝末节的问题。他甚至允许元老院从自己提供的候选人名单中选举公职人员。奥古斯都有时也会出席元老院临时会议，以保持自身的民主形象。但事实上，奥古斯都实行着独权统治。他一方面保留着共和的名义，另一方面又以"同侪之首"（*Primus inter pares*）的身份统治着国家。

元老们早已没有了商讨辩论、提出异议的权力，鲜有人敢反驳奥古斯都。奥古斯都手握军队大权，以此来对付想要谋反之人。

跨页图　现代画家笔下角斗士在皇帝面前战斗的场景。但在现实中，皇帝不会坐得离角斗士这么近。

左图　盖乌斯·屋大维，即人们熟知的奥古斯都，罗马第一位有实无名的皇帝。

下图　奥古斯都的统治
为罗马帝国带来了200
多年的和平与稳定，史
称"罗马和平"。

下页上图　这幅版画描绘
了正在竞技场中上演的海
战表演。

深陷疑虑

虽然奥古斯都从政治上掌控了元老院，但他仍担心自己
会面临同恺撒一样的命运。某次执政官昆图斯·盖利乌斯
（Quintus Gallius）拜见奥古斯都时，拿着写字板的手在长袍下
哆嗦打战，这一举动使奥古斯都惊恐不已，他认定这位执政
官在长袍下藏了刀，于是命人对盖利乌斯进行严刑拷打；之
后又剜出盖利乌斯的双眼，最后将他处死。

还有一次，奥古斯都召集各位元老来商讨削减元老院人
数一事。作为元首，奥古斯都身旁配备了十名贴身侍卫，每
位元老在接近他之前都要被搜身检查，而奥古斯都自己却在
长袍下穿着钢铁盔甲，还带着一把剑。

先前由罗马地方行政官负责的几件事务如今都归奥古斯
都掌管，这让他有了笼络民心的资本。奥古斯都延续了恺
撒"面包与马戏"的政策。首先，他为罗马公民提供免费
或价格低廉的谷物。公元前2年，他将"领粮民众"（plebs
frumentaria）的人数提升至20万，占罗马人口总数的五分之

一左右。此外，他还给公民分发现金：每人 700 塞斯特提，其中 300 塞斯特提来自恺撒的财产，剩下 400 塞斯特提来自公元前 29 年获得的战利品。

　　罗马民众囊满腹饱，"面包"的需求得到满足后，他们还想要更刺激的"马戏"盛宴。奥古斯都没有让人民失望，他新建了一座竞技场和一座由数个大理石会堂组成的朱里亚神庙（Saepta Julia）。奥古斯都还在竞技场外举行盛大的演出，他特意为海战表演建造了一座 550 米长、360 米宽的大湖，外加一条输水管道。海战表演中使用的 30 艘船包括 1∶1 还原的三列桨舰船，由奴隶掌桨的双列桨舰船，还有一些较小的船只。3000 多人装扮成士兵的模样在这里殊死战斗一整天。

帝国角斗赛

　　丧葬角斗赛在罗马共和国时期是野心勃勃的权贵家族用来谋取政治利益的工具，而在那之后这项活动便一直与帝王崇拜紧密相连。在罗马帝国时期，帝王崇拜这台政治宣传机器使皇帝成了所有罗马民众尊崇的神。为了确保心怀不轨的贵族无法动摇自己的地位，奥古斯都订立规则，对私人组织的角斗赛做出了严格限制。公元前 22 年起，每年只允许举办两次私人赞助的比赛，且参赛的角斗士不得超过 120 人，总费用不得超过 25000 第纳尔。皇帝举办的角斗赛自然没有这样的限制，有时甚至会有数千名角斗士参加比赛，一场比赛的费用则高达 17 万第纳尔。奥古斯都一边不断推出新的表演活动来庆祝胜利，一边不断强化帝王崇拜，使之深入民心。

右图　奥古斯都统治时期，赛程安排表列出了角斗赛全天的赛程，比赛通常从早上的野兽斗猎开始。

下图　人狮搏斗是最受观众喜爱的项目，但许多狮子都死在了非洲至罗马的海运途中，没能到达竞技场。

　　奥古斯都在每年的3月和12月定期举办角斗赛，每场比赛大约持续6天。比赛严格遵循既定流程，在之后的400多年里，罗马角斗赛也都依照此流程举行。上午的演出是野兽斗猎和人兽搏斗。中午会留出一段时间进行公开处决。大多数观众，尤其是那些认为处决不堪入目的骑士阶层，会在公开处决的间隙出去吃个午饭或小憩一会儿。下午场的角斗士比赛则是万众瞩目，座无虚席。皇帝亲临现场使得角斗赛与帝王崇拜间的联系得到了强化。在竞技场内，皇帝与民众形成了一种复杂的政治关系。

　　在罗马共和国时期，元老代表了整个国家，尤其是那些遵循骑士秩序，对国家进行民主化治理的元老更可谓是罗马的代表。而到了罗马帝国时期，"元老院与罗马人民"（SPQR，即 Senatus Populusque Romanus，指代罗马共和国）的时代已经结束，民众唯皇帝一人马首是瞻。

罗马和平

　　时间证明了奥古斯都是一位精明谨慎且极具领导力的统治者，他的统治为罗马带来了200多年的稳固与安定，史称"罗马和平"。但也正如苏维托尼乌斯所说，"奥古斯都的许多行径使人民积怨已久"。如今，奥古斯都的角斗赛为民众提供了一个绝佳机会，他们可以

奥古斯都功德碑

奥古斯都将自己立下的伟业写成一部《奥古斯都功德碑》（*Res Gestae Divi Augusti*，意为"奥古斯都神的功业"），并刻在其陵墓外的两根青铜柱上，将自己的功德展示给全世界。这部功业录像是一份加长版的简历，其中一栏记载了他举办过的比赛：

> 我以自己的名义举办了三场角斗赛，又以子孙的名义举办了五场；在这几场比赛中，约有一万人参与了搏斗。我曾两次以自己的名义，第三次以吾孙之名义，从世界各地聘请运动员来为民众举办体育展演。我曾四次以自己的名义，二十三次代表其他官员举办各种赛会。在盖尤斯·福尼阿斯（Gaius Furnius）和马尔库斯·西拉努斯（Marcus Silanus，其他版本作 Gaius Silanus）当执政官时，我作为十五人祭司团的团长，与我的同僚马尔库斯·阿格里帕（Marcus Agrippa）一起，代表十五人祭司团举办了百年大祭（Secular Games）。在第十三次任执政官时，我首次举办了马尔斯赛会（the games of Mars）。此后，执政官遵循元老院的决议，每年举行这种赛会。我曾二十六次以自己或子孙的名义，在公共集会地和竞技场举行追猎非洲野兽的表演，在表演中被猎杀的野兽约有三千五百头。
>
> ——《奥古斯都功德碑》，奥古斯都著，弗雷德克里·威廉·希普利译

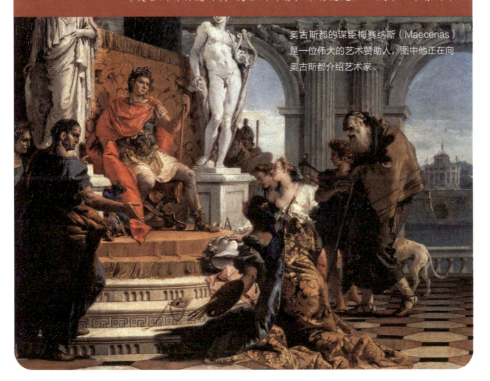

奥古斯都的谋臣梅赛纳斯（Maecenas）是一位伟大的艺术赞助人，图中他正在向奥古斯都介绍艺术家。

神圣的容颜

　　奥古斯都不费吹灰之力就将自己塑造成了民众崇拜的偶像，他认为自己的光辉应该像灯塔一样照耀着罗马所有领土。苏维托尼乌斯这样描述他的外貌：

　　奥古斯都的双眼明亮而澄澈，他引以为豪的是，人们认为他的眼中蕴含着神圣力量，当他注视着任何一个人时，对方都会像被阳光晃了眼一般低下头，这使他极为满意……即使到了晚年，奥古斯都也十分英俊，步态优雅；但他却毫不注重外表形象。他不讲究发型，有时为了节省时间甚至会让两三个理发师同时上手匆匆忙忙地为他理发，而他自己则利用这个时间读书或写东西。他的牙齿又小又少且多龋齿；他的发色微黄，发丝微卷；两眉中间相连；他的耳朵大小适中，鼻头微微隆起，鼻尖稍向内弯，他的皮肤不黑但也不白。朱里乌斯·马拉图斯是被奥古斯都释放的奴隶，也是他的传记作者，他称奥古斯都身高五尺七寸，但四肢舒展，身材匀称，比例协调，因此身材矮小这一点只有当他与一个魁梧高大的人站在一起时才看得出来。

——《罗马十二帝王传》，苏维托尼乌斯著，汤姆森、福雷斯特译

上图　此图寓指奥古斯都如神明般坐在其率领的胜战军队之上。

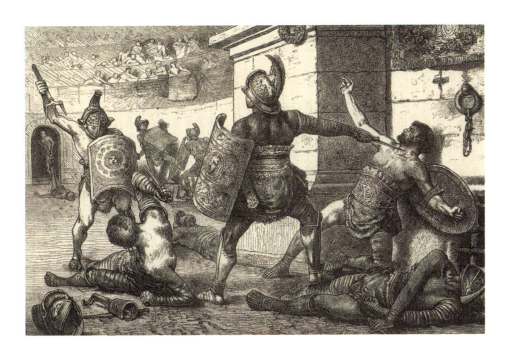

借机发泄自己对皇帝的怨恨与不满。言论自由向来是罗马公民的基本权利。当然，这种自由也是有限度的。在皇权至上的罗马帝国，高声抗议可不是明智的选择，正如执政官盖乌斯·阿西尼乌斯·波里奥（Gaius Asinius Pollio）所言："我将缄默不言。要用言语对抗一个能下达放逐令的人实属不易。"

　　然而，还是有许多观众觉得隐匿于人群之中很安全，于是便趁机喊出自己的不满。一旦有人吵嚷着要求粮食降价或减少税收，便会引发众多附和之声，公众连绵不绝的呼喊声回荡在竞技场上空。观众有时也会说出他们对角斗士生死的期待，有人嚷着"放了他"（mitte），也有人喊"杀了他"（iugula①）。观众通常会伸出一只手，并通过转动大拇指来表明他们对战败一方生死的态度。按照惯例，在竞技场上战败的角斗士如果还有一息尚存通常会竖起食指求饶。而他的对手则会先将问询的目光投向观众，最后望向皇帝的包厢，等待指示。皇帝在发号施令前往往会先看看民众的拇指是朝上

上图　一名角斗士询问观众和皇帝是否要杀掉输给自己的对手。观众对他做出的手势被称为"转动拇指"。

_____

① 斩断他的喉咙，意即杀死他。——译者注

悲剧上演

由于提比略不愿举办角斗赛，这就为罗马帝国之外的投机者敞开了大门，他们开始举办私人角斗赛。罗马民众对角斗赛的向往可谓如饥似渴，哪怕长途跋涉也要去观看比赛；27年，在罗马以北8千米的费德内①镇，一场悲剧因此发生。塔西佗这样描述了这起事件：

上图　提比略和妻子朱莉娅（奥古斯都之女）。他们被迫的结合并不幸福。

一个名叫阿提里乌斯的被释奴隶在费德内修建了一座角斗赛竞技场。但赛场的地基并不坚固，上面的木架接合得也不牢固。其实他建这座竞技场并不是因为他腰缠万贯，也不是为了笼络民心，他只是为了贪求不义之财。提比略统治时期，皇帝抑制了民众对这种娱乐项目的喜爱，因此男女老少全都聚集于此。剧场离城市很近，所以来的人很多，这样一来悲剧更加惨烈了。这座庞大建筑物里人满为患，一阵剧烈的晃动后，剧场内部开始坍塌，外部开始崩裂，结果大量观众和站在建筑四周的人被掩埋了。在意外刚发生时就遇难的人倒是一了百了了，可怜的是那些被砸断了肢体但仍一息尚存的人。他们知道自己的妻儿也在那里，白天他们还能辨认出自己的妻子和儿女，但到夜里就只能靠尖叫和呻吟来分辨了……在这场悲剧中受伤残废和被砸死的有五千多人。元老院作出决定，今后，财产在四十万塞斯特提以下的人不得举办角斗赛，且不得在坚固程度未经试验的地基上修建竞技场。阿提里乌斯也遭到了放逐的处分。

——《编年史》，塔西佗著，阿尔弗雷德·丘尔基、威廉·布里德里布译

---

① 费德内（Fidenae），离罗马大约五英里的城市，今卡斯提尔·吉犹比列欧（Castel Giubileo）。——译者注

还是朝下。英明的皇帝总是会听从民意。不过也并非所有的罗马皇帝都如奥古斯都般正常；有的皇帝冥顽不灵，还有的皇帝甚至患有严重的精神疾病。

　　但不管皇帝的精神状况如何，角斗赛终究是一场戏，人们期望着皇帝能在这场戏中扮演好自己的角色。皇帝出席角斗赛的目的在于展示自己与民同乐的热情，同时也要维护皇权的威严。奥古斯都凭借沉稳的个性和对自身的清醒认知胜任了这一角色。在他之后的许多皇帝都没能像他这样将这场戏演得如此令人心悦诚服。

提比略（前 42—37）

奥古斯都为帝国的未来统治奠定了基础，而提比略·克劳狄乌斯·尼禄（Tiberius Claudius Nero）则是给罗马皇帝这个头衔冠以虚荣放荡、癫狂自大之名的第一人。提比略深受民众厌恶，他阴郁严苛，说话又十分古怪，岳父奥古斯都对他极为不满。塔西佗在他所著的《编年史》中用了好几卷的篇幅记述提比略，他这样总结道：

> 提比略·尼禄正当壮年，久经沙场，但却有克劳狄乌斯家族那种古老的、与生俱来的傲慢习气，他还残忍嗜杀，尽管他自己

上图　这幅杂志插图描绘了一名主裁判（summa rudis）正在监督角斗比赛的场景。角斗赛的规则十分严格，但我们对规则内容知之甚少。

左图　提比略不喜欢角斗赛，因此他脱离了群众，不受爱戴。

尽力想抑制。他从一降生就在皇室被抚养长大。他年轻时脑子里全都是掌权和打胜仗之类的事情。甚至他住在罗得岛的那几年——表面上自称退隐，实际上是被放逐——心头仍充满了愤懑、伪善，并且暗纵情欲。

——《编年史》，塔西佗著，阿尔弗雷德·丘尔基、威廉·布里德里布译

　　提比略可圈可点之处在于其是将帅之才。他率军征服了今瑞士的大片土地，并沿多瑙河拓展了罗马的疆界。公元前 13 年，提比略回到罗马担任执政官后，他的命运便发生了变化。公元前 11 年，奥古斯都命令提比略和维普撒尼娅离婚，转而娶自己的女儿朱莉娅为妻。出于对联姻的不满，提比略放弃了他在罗马的职位，偷偷溜到罗得岛的别墅里自我放逐。

　　这让奥古斯都陷入了艰难处境，因为提比略是他唯一的继承人，公元 2 年提比

罪恶之岛

据苏维托尼乌斯所说，提比略的性事在罗马人尽皆知，但直到隐居卡普里岛后他才开始毫无顾忌地纵欲：

他在卡普里岛过上幽居生活后，暗中搭建起一间淫窟供自己享乐；提比略从各地搜罗来成群的少男少女——其中包括那些被称作"斯妍特里"的骇人听闻性行为的发明者——让他们三人一组争先恐后地在自己面前交媾，借此来唤醒他那日渐消退的性欲。这些卧室里装饰着最下流低俗的绘画和雕像，淫秽书籍随手可得，每个受命进行交媾的人都能翻书参考。他在森林的幽僻之处也建造了不少供人纵欲的场地，男女青年们在凉亭外、岩壁间扮演潘神诸子和自然神女们，因此人们结合这座小岛名字的含义，公然称这里为"老山羊的花园"①。提比略还有更加丑恶无耻、不堪入耳的放荡行为，令人难以启齿，更难以置信。

——《罗马十二帝王传》，苏维托尼乌斯著，J.C. 罗尔夫译

---

① 老山羊（Caprineus）一词发音与岛名卡普里相似，老山羊一词也用于形容年老而好色之人。——译者注

跨页图　提比略在其位于卡普里岛的别墅内，这片乡村之地充斥着暴力与堕落。

略被连哄带骗回到罗马准备继位。公元 14 年奥古斯都去世，提比略不情不愿地登上了皇位。他似乎从一开始就想尽办法招人厌恶。他先是疏远了元老院（他把元老们称为"适合做奴隶的人"），而后又脱离了罗马民众。

提比略改善了罗马的财政状况，人民的生活质量得到了提升，但他明显对民众喜爱的角斗赛十分不屑。提比略不仅取消了大部分演出，还进一步削减了罗马公共娱乐的预算。最重要的是，他限制了非帝国举办的角斗比赛中角斗士的数量，也并未以自己的名义举办过比赛。

国内举办的角斗赛寥寥无几，提比略也很少出席。奥古斯都统治时期，民众与皇帝通过角斗赛建立起的联系，在提

比略的统治下荡然无存。为了进一步脱离民众，提比略于 26 年隐退，并在卡普里岛继续自己的统治。提比略在这里释放着自己最黑暗的冲动，把帝国的日常事务甩给罗马城中的官员们。

施暴

同时代的罗马历史学家详细记述了提比略在性虐和施暴方面的嗜好。他以折磨他人为乐，先使用酷刑，再将其推下卡普里岛的悬崖，崖底的士兵会用船桨击打尸体确保其死亡。提比略请参加晚宴的客人喝大量的酒，然后把他们的生殖器绑起来不准他们解手。不仅如此，提比略还谋杀亲属。他极其厌恶孙子德鲁苏斯和尼禄，因此以莫须有的罪名起诉了他们，还强迫元老院宣布他们为国家公敌。据说，一名刽子手自称受元老院之命，带着绞索和钩子找到尼禄要将他扔进台伯河，于是尼禄被迫自杀。德鲁苏斯被关了起来，他被饿了很久之后甚至想要吃床垫充饥。提比略下发的处决令绝无正义可言。他曾以叛国罪判处一个人死刑，只因其涉嫌换掉了奥古斯都半身像的头，后来此人在严刑拷打下被迫认罪。从那时起，人们会因批评奥古斯都的所作所为而被处死，甚至连携带印有奥古斯都头像的硬币进入厕所或妓院都会招来杀身之祸。

　　那些冒犯了提比略的元老大多会选择割腕自尽，因为他们知道自己肯定会被法庭判罪。一旦听说有人割腕，提比略便会命令手下将人带走，为他包扎伤口，再将半死不活的伤者送进监狱。提比略如果没有对前任皇帝定下的"面包与马戏"政策那般不屑，他的命运可能会有所不同。罗马人民之所以能容忍提比略之后那些荒淫无度的皇帝，是因为这些继任者至少没有剥夺民众的娱乐权。37年提比略去世时，举国上下从贵族到平民都对他恨之入骨，元老院拒绝授予提比略"神圣的"这一称号，人们高呼"把提比略扔进台伯河"——这在罗马是最大的耻辱[1]。

　　讽刺的是，提比略统治时期的罗马帝国繁荣昌盛，帝国的疆界

上页上图　提比略最喜欢先对人施以酷刑，然后将其从卡普里岛的悬崖上扔下。

下图　提比略的浮雕，旁边是奥古斯都、尤利乌斯·恺撒和卡利古拉，他们坐在被罗马征服的万众之上。

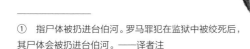

---

① 指尸体被扔进台伯河。罗马罪犯在监狱中被绞死后，其尸体会被扔进台伯河。——译者注

下图 卡利古拉起初很受人民爱戴，但很快他就暴露了自己真实的一面：一个冷酷无情的暴君和施虐狂。

下页上图 图中的土耳其石刻浮雕描绘了两个角斗士的战斗场面。左边的人手握一把三叉戟，可能是一名渔网角斗士。

也得到了极大的拓展，提比略留下了大量掠夺来的财富。他的继任者肆意挥霍着他的战利品，再也没有哪个罗马皇帝会禁止民众观看角斗赛了。

卡利古拉（12—41）

公众对已故的提比略和他的孙子（也是他的继承人）卡利古拉的看法大不一样。提比略的葬礼上人山人海，民众们用"星星""小雏鸡""宝贝"和"宠儿"之类的亲切称呼和卡利古拉这位新皇帝打招呼。后来，卡利古拉生病时，人们都聚集到他的宫殿外为其守夜。有些人愿意献出生命，只为换得卡利古拉健康，还有些人发誓只要卡利古拉能康复，自己愿意成为一名角斗士参加比赛。

"卡利古拉"是盖乌斯·尤利乌斯·恺撒·奥古斯都·日耳曼尼库斯（Gaius Julius Caesar Augustus Germanicus）自童年起的外号，他小时候和从军征战的父亲老日耳曼尼库斯一同生活时，穿着一双士兵穿的军靴，因此被戏称为"卡利古拉"（意为"小军靴"）。据苏维托尼乌斯所说，老日耳曼尼库斯"深受民众爱戴，以至于每当他回到或离开罗马时都险些被人群围挤而死"。不得民心的提比略离世后，民众对老日耳曼尼库斯的喜爱自然延续到了他儿子身上。

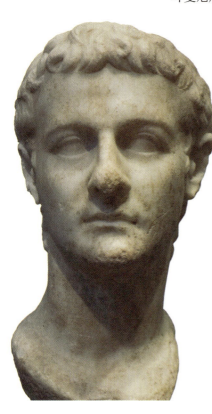

卡利古拉为提高自己的声望无所不用其极。他下令修建宏伟的建筑；为提比略举行盛大的葬礼；并以纪念亡母为由设计了许多新颖奢华的娱乐活动。卡利古拉酷爱娱乐——他坚信戏剧、剧院和角斗表演都不可或缺。卡利古拉自诩为歌唱家和舞蹈家。

据说提比略曾经传唤孙子去卡普里岛参加了一个怪谲的成人礼。一到那里，提比略的仆人们就教唆卡利古拉和他那可怕的祖父作对。但卡利古拉对祖父的恶行只是不置可否。尽管提比略暴虐凶残，

但卡利古拉却对祖父百般谄媚，人们都说"没有（比卡利古拉）更好的仆人，也没有（比提比略）更糟糕的主人了"。所幸他最终离开卡普里岛，逃出生天，他曾和祖父在那里共同生活了六年。

共同的恶癖

除了卡利古拉，提比略杀死了其他所有的孙子，卡利古拉的阿谀取宠成了他的免死金牌。卡利古拉继承了他祖父的许多恶癖。他喜欢看严刑拷打和处决犯人，他戴着假发，身着长袍，夜夜笙歌。提比略对他的这些喜好既表示支持但也试图劝阻。尽管他希望戏剧和歌唱的爱好能对卡利古拉的行为起到一定的约束作用，但他很清楚自己孙子的恶习。他曾说，卡利古拉"注定使全人类毁灭并最终自取灭亡"，自己"养了个海德拉来祸害罗马民众，还养出个法厄同来毁灭世界"。①

卡利古拉统治初期，这些骇人的迹象还未完全显现。相反，他竭尽全力用奥古斯都"面包与马戏"的政策取悦民众。他倾尽所有举办奢华的戏剧演出、给民众分

---

① 此句中的两处引喻皆来自希腊神话。海德拉是希腊神话中有九个头的蛇怪，吞噬田地，蹂躏人畜，无恶不作，他吐出来的毒气还使当地成为所谓的瘟疫沼泽。法厄同是太阳神阿波罗的儿子，负责驾驶太阳神阿波罗运载太阳的四轮马车，但是他在空中失去控制，狂奔的马车带着炙热的太阳四处肆虐，给世界多地带来了灾难。——译者注

发大量的食物和礼物，并为他们举办大型角斗赛。多场角斗赛中都有赏金争霸和拳击比赛项目，此外，他还引入了诱猎黑豹等新颖的表演。

卡利古拉重现了薛西斯在赫勒斯滂海峡修建大桥的情形。公元前480年，波斯皇帝为入侵希腊建造了一座浮桥。卡利古拉为了造一座更大的桥，调集船只在那不勒斯湾排成一列，连通两岸，在船上装满土后用木板加固，一条大道就这样建成了。随后，他驾着战车在这条大道上来回游逛了两天，只有在更换马匹和服装时才停下来。

卡利古拉还在其他城市举办过几场比赛，比如在西西里叙拉古（Syracuse）举办的雅典式竞技赛和在高卢卢格都努姆（Lugdunum）举办的角斗表演。他还办过一场希腊语和拉丁语演讲比赛，输的人倘若不想受棍棒之苦和被扔进旁边的河里，就必须用舌头擦掉自己写的演讲稿。

天翻地覆

卡利古拉看似太平的黄金统治只维持了一年，随后灾祸便至。提比略留在罗马国库里的27亿塞斯特提被卡利古拉在一年内挥霍殆尽。从此他便成了元老们的噩梦。

上页图　卡利古拉坐在卡斯托尔（Castor）和波吕克斯（Pollux）的神像之下，面对着自己的臣民。

虚伪的主办人

尽管卡利古拉酷爱角斗赛，也常举办比赛，但当别人也乐在其中时，他却又变得尖酸挑剔起来。苏维托尼乌斯在书中描述了这样一个场景：

他经常严厉谴责骑士阶层热衷于戏剧和竞技。当民众们支持一个他不喜欢的车队时，他会勃然大怒，厉声道："但愿罗马人都只长了一个脖子"，当有人向他请求赦免强盗特特里尼乌斯时，他说发出请求的人也都是特特里尼乌斯。五个穿便服的渔网角斗士在对战五个全副武装的追击角斗士时不战而降；但当卡利古拉下令将他们处死时，其中一个渔网角斗士拿起三叉戟，刺死了所有的5个获胜者。卡利古拉在一纸公告中悲叹这是一起最残忍的谋杀，说自己对那些忍心目睹这场面的人感到害怕。

——《罗马十二帝王传》，苏维托尼乌斯著，J.C. 罗尔夫

　　卡利古拉采取的第一项措施是让罗马民众重新填满帝国的空钱包。他对食物、婚姻、性交易以及任何他能想到的东西征税。他没收了富裕骑士们的地产，在自己的宫殿里建了一所妓院，里面的妓女都是罗马贵族的妻子和女儿，他还在角斗赛上拍卖角斗士。

　　卡利古拉在家中的行为也越来越怪异。他的妹妹德鲁西拉已经嫁给了执政官卡西乌斯·隆基努斯，卡利古拉还是把她夺了过来，公开宣称她是自己的合法妻子，将其留在身边。德鲁西拉去世后，卡利古拉下令举行哀悼活动，哀悼期间，说笑、洗澡或是与家人一同进餐都是死罪。他还常邀请贵族和他们的妻子共进晚餐，他"像购买奴隶一样，仔细审视她们"。然后他会离开餐室前往寝宫，再派人去找来他最中意的女人，完事之后再返回餐室绘声绘色地给食客们描述刚才的床笫之欢。

跨页图　一名角斗士在卡利古拉的宫殿里游行，这是角斗表演的序曲。

右图　朱莉娅·德鲁西拉（Julia Drusilla）是卡利古拉的情妇卡桑尼娅（Caesonia）的女儿。卡利古拉欣赏并鼓励这孩子的施虐欲。

难以形容的残酷行径

　　卡利古拉经常命令元老在自己乘坐的战车两侧随行奔跑，或是在他用餐时穿着短衫站在旁边听候差遣。他曾在踏入元老院会堂时，下令将一名失宠的元老碎尸万段，直到看到受害者死去，他那残忍的兽心才得到满足。他还随意处决元老们的儿子，并强迫元老们出席自己孩子的处决仪式，如果哪位父亲以身体抱恙为由推托时，他还会派一乘肩舆把人抬过去。

　　卡桑尼娅是待在卡利古拉身边最久的女伴，苏维托尼乌斯说她"既不年轻也不漂亮，而且……还和前夫生了三个女儿"。他经常让卡桑尼娅身着军装或赤身裸体出现在士兵面前。直到卡桑尼娅为卡利古拉生下了一个女儿，他才正式宣称其为自

"但愿罗马人都只长了一个脖子。"

——卡利古拉

己的妻子。卡利古拉给他们的女儿取名为朱莉娅·德鲁塞拉——这个孩子因为秉性残暴而很受卡利古拉喜欢，同她一起玩耍的孩子都会被她抓伤眼睛。

卡利古拉总会无端发怒，火气来得很快。他身材瘦长，脸色苍白，头顶"寸草不生"，任何人胆敢从上方俯视他那日渐荒芜的脑袋都是死罪。他憎恨所有头发茂密的男人，经常命令他们把头发剃成可笑的模样。但并非所有头发茂密的人剃个头就能逃过一劫，苏维托尼乌斯写道：

有一个名叫埃西乌斯·普罗库路斯的人，是一个高级百夫长的儿子，由于他身材魁梧，容貌姣好，又被称为"科洛斯厄罗斯"[1]。在观看角斗赛时，卡利古拉突然

① 此名由拉丁语"巨大的"和"可爱的"两词合成。——译者注

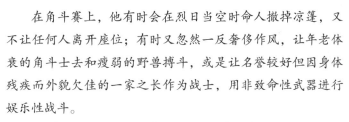

跨页图　卡利古拉扬言要让自己的爱马"疾足者"担任执政官，不久后禁卫军暗杀了他。

下令把此人从观众席上拉出来，让他到场上先和一个轻武装的角斗士决斗，然后再和一个全副武装的角斗士决斗；尽管普罗库路斯两场比赛都赢了，但卡利古拉还是命人给他换上破烂的衣裳，将他绑起来游街示众，在妇女们都看过一遍他的惨状后再将他处死。

——《罗马十二帝王传》，苏维托尼乌斯著，汤姆森、福雷斯特译

　　卡利古拉举行的表演暴露了他疯狂的本性。有一次，卡利古拉判一名骑士有罪，要把他扔去喂狮子，这名骑士尖叫着想要证明自己的清白。卡利古拉面不改色地命人把他从赛场中拖出来，扯下他的舌头，然后再将他抛给狮子。在另一场比赛中，卡利古拉命人连续几天鞭笞监管角斗比赛和饵兽的监工，直到他"头部化脓，散发出让人难以忍受的恶臭"时，才让他归西。在卡利古拉的游戏里，每个人都是被玩弄的对象，苏维托尼乌斯在书中说道：

　　在角斗赛上，他有时会在烈日当空时命人撤掉凉篷，又不让任何人离开座位；有时又忽然一反奢侈作风，让年老体衰的角斗士去和瘦弱的野兽搏斗，或是让名誉较好但因身体残疾而外貌欠佳的一家之长作为战士，用非致命性武器进行娱乐性战斗。

——《罗马十二帝王传》，苏维托尼乌斯著，J.C. 罗尔夫译

　　但卡利古拉的癫狂也不是永无止境的。后来，卡利古拉竟扮演成色雷斯角斗士（thraex）出现在赛场上，当他宣布要让自己的爱马"疾足者"担任执政官时，他的命运就已经注定了。卡利古拉不仅为"疾足者"造了间大理石马厩，给它戴上珠宝项圈和披上紫色毯子，甚至还给它分了一处宫室，以它的名义邀请和接待宾客。尽管此时已有几方势力密谋颠覆卡利古拉的统治，但最后暗杀他的却是他的禁卫军。

上图 卡利古拉被暗杀后，禁卫军找到了藏在窗帘后的克劳狄（卡利古拉的叔叔）。据说他双膝跪地，乞求饶命。

克劳狄（前10—54）

卡利古拉遇害引起了一阵骚乱，他的叔叔克劳狄惊恐地躲在宫殿的窗帘后。禁卫军杀死卡利古拉、卡桑尼娅和他们的女儿朱莉娅后接管了这座城市。克劳狄被一名士兵发现后，跪倒在地，不停求饶。不知所措的士兵叫人用担架将克劳狄送到禁卫军营地。翌日，禁卫军自作主张，为提贝里乌斯·克劳狄乌斯·恺撒·奥古斯都·日耳曼尼库斯（Tiberius Claudius Caesar Augustus Germanicus）即克劳狄加冕。

而此时的元老院还在为"封谁为新皇帝"争论不休，由此可见元老院已经变得无足轻重了。虽然有些人嚷嚷着要恢复共和，但显然只有少数元老支持这一动议。经过了长达几十年的皇权统治，元老院和罗马民众早已做好了维持帝制的思想准备。然而，在元老院几经讨论终于认为罗马确实需要一个新皇帝时，禁卫军——这个罗马帝国新崛起的、野心勃勃的权力机构——已经安排一位新皇帝上任了。

罗马共和国时期的禁卫军是一支精锐部队，其职责是在战场上保护长官或将领的安全。奥古斯都统治时期，禁卫军驻扎在罗马保护皇帝，军队由九支500到1000人的队伍组成。这一支全副武装的部队常驻在城外营地，随时准备迎战。

下图　禁卫军是皇帝的精锐卫队，后逐渐成了皇位背后的掌权势力：他们既可以废黜皇帝，也可以为皇帝加冕。

上图 克劳狄引入了新的野兽斗猎表演，其中包括禁卫军斗猎野兽。

下页下图 克劳狄乐于为罗马民众提供新颖奇特的演出，但其堕落的本性与前任皇帝们如出一辙。

夺取卡利古拉的皇位并为克劳狄加冕后，禁卫军决疣溃痈的本质逐渐暴露。禁卫军会因为钱或仅仅出于主观意愿暗杀或扶植皇帝，他们还通过欺侮打压的方式迫使元老院和罗马民众听其号令。克劳狄很清楚自己该讨好哪一方，他上任后做的第一件事就是给每个禁卫军士兵发了 15000 塞斯特提作为遣散费。

万众仰慕

元老院希望能摆脱朱里亚·克劳狄王朝诸位皇帝的折磨，但罗马民众却对克劳狄爱戴有加。这位新皇帝知道"面包与马戏"对于统治来说有多重要。克劳狄把罗马民众钟爱的传统节目再次搬上了舞台，除此之外，他还创造了一些"前无古人，后无来者"的新表演，其中包括新型的野兽斗猎表演（禁卫军猎捕黑豹和公牛）和一连数日的新型角斗赛。克劳狄还在战神广场上演了一出模拟洗劫英国城镇的戏，这场戏的结局是英国"国王们"纷纷投降。

死亡之颜

　　虽然克劳狄通过亲临赛场获得了民众的喜爱，但在赛场之外，他那残暴的嗜好与前任皇帝并无二致。苏维托尼乌斯说道：

　　他那残暴冷酷、嗜血好杀的本性从大大小小的事情中便可一目了然。他总是要亲眼看着被判弑父罪的犯人被拷问和惩罚。有一次在提布尔，他想看看古代处死犯人的方法，犯人已经被绑到行刑柱上了，但刽子手此时却不知所踪。于是他派人到罗马城里去找一名刽子手来，并且耐着性子一直等到天黑。在角斗赛中——无论是他自己主办的还是别人主办的——凡是不经意摔倒的角斗士（尤其是渔网角斗士），克劳狄都会下令将其处死，只因他想看看角斗士死后脸上的表情。两名角斗士互相厮杀而死后，他会立刻下令用这两名角斗士的剑为自己做几把小刀以备使用①。他极爱看野兽斗猎和午间角斗，他总是一大早就来到竞技场，中午观众都去吃午餐了，他还在座位上。除赛前选拔的角斗士外，他还会用一些微不足道的理由临时起意（比如机械装置、梯子或者诸如此类的东西出了问题）命令木匠、操作工以及这一阶层的其他人上场参赛。

　　——《罗马十二帝王传》，苏维托尼乌斯著，J.C. 罗尔夫译

---

① 传说被杀过人的刀宰杀的猎物是治疗羊癫疯的特效药。——译者注

　　克劳狄也会积极参与到比赛中，他觉得自己没必要将热情隐藏在虚假的帝王尊严下。他会称观众为他的"主人"，还会讲笑话来逗他们开心。他甚至会用左手数出应付给获胜的战车车夫和角斗士的金币——对于一个皇帝来说，这种动作十分不雅。他还曾在观众的恳求下，将象征自由的木制鲁迪斯之剑授予了一位战车斗士，使他重获自由之身。这一仁慈的举动赢得了热烈的掌声，克劳狄当场宣布，所有罗马民众都应该养育孩子，他们对一位角斗士都这般呵护，那保护孩子自然也不在话下。

　　克劳狄曾在富齐诺湖（Lake Fucino）上举行了一场海战表演，据塔西佗记载，克劳狄让 19000

上图 克劳狄（右）娶了他的侄女阿格里皮娜（左）为妻。而后，他通过了一项法律，允许叔侄间的结合。

名罪犯登上一艘大型航海战船，又让配有弩炮（*ballista*）和石弩（*catapult*）的禁卫军驻守在湖边以防止犯人逃脱。成千上万来自罗马及邻近城镇的观众蜂拥而至，他们一方面是想来看看热闹，另一方面也是想借此机会表达对皇帝的敬意。但表演还没开始克劳狄就闹了个笑话。战士们纷纷向克劳狄致意，示意战斗即将开始，他们高呼："皇帝万岁，将死之人向您致敬！"克劳狄回应道："非必死不可，视情况而定。"战士们认为皇帝的这句话有赦免之意，因此还没开战就弃甲曳兵而逃。据苏维托尼乌斯记载，克劳狄勃然大怒，他跑到湖边，"一面劝说，一面威胁，强迫战士们投入战斗"。二十四艘三列桨舰船随即开战。克劳狄虽然通过举行各种表演使其政治生涯风生水起，但在私生活中却是个有头无脑之人。他的妻子瓦列利娅·美撒里娜（Valeria Messalina）结过四次婚，因其不忠而声名狼藉，克

> "他那残暴冷酷、嗜血好杀的本性从大大小小的事情上便可一目了然。"
>
> ——苏维托尼乌斯

劳狄却对此满不在乎。但克劳狄在性命攸关的事上绝不马虎，48 年，当美撒里娜和执政官盖乌斯·西利乌斯（Gaius Silius）密谋杀害自己时，他将这两人一并处死。克劳狄借各种罪名谋杀了很多人，这两人不过是其中之二罢了。美撒里娜死后，克劳狄娶了自己的侄女阿格里皮娜，然后通过了一项法律，将叔侄之间的结合合法化。阿格里皮娜掌控了克劳狄，很快便成为罗马帝国有实无名的共同统治者。她野心勃勃，想让自己的儿子尼禄取代克劳狄的血亲继承

下图　据说在克劳狄举办的海战表演中，那艘大型航海战船上共有 19000 名罪犯。

人布列塔尼库斯成为下一任皇帝。克劳狄立尼禄为共同继承人后，阿格里皮娜在他爱吃的蘑菇里下毒将其杀害。

尼禄（37—68）

尼禄·克劳狄乌斯·恺撒·奥古斯都·日尔曼尼库斯（Nero Claudius Caesar Augustus Germanicus）17 岁时就在母亲阿格里皮娜和禁卫军的扶植下当上了皇帝。他上任后立即宣布，自己将效仿奥古斯都，做一个公正而慷慨的皇帝，他希望自己的统治能为罗马带来万古长青的文化遗产。尼禄上任后的前五年信守了自己的诺言，他减少税收，废除死刑，并给民众们带来了战车比赛、集会等各式各样的娱乐活动，其中有一场角斗赛出人意料。这场比赛在战神广场附近的一个木制圆形竞技场内举行，数百名骑士贵族还有元老在此地进行过战斗表演。尼禄要求角斗士与野兽搏斗，同时还要在竞技场周围完成其他任务。但在演出期间，尼禄下令不得杀害任何人，连被定罪的犯人也不能杀。

尼禄用诗歌比赛、舞台剧表演和体育赛事取代了传统的暴力角斗赛。他还以歌手、乐师和战车御者的身份积极参与其中。这就是他落实"面包与马戏"政策中"马戏"的方式。在一个为祈祷帝国永盛不衰而举办的"伟大的盛会"上，尼禄给民众分发可兑换粮食、珠宝、奴隶、动物、寓所、船只和农场的票券，以此来兑现关于"面包"的承诺。

尼禄心中有一个戏剧梦，他常在舞台上唱歌或朗诵诗歌。他还通过贿赂或威胁的方式让同台的歌手故意失误来衬托自己。尼禄规定，任何人在演出期间离开剧院都是违法的，正在分娩的妇女也不例外。尼禄明知自己作为皇帝胜券在握，但还是要参加在战神广场举办的战车比赛。在一次比赛中，尼禄试图驾驶一辆十马战车参赛但以失败告终，这一雄心勃勃的"壮举"让他一头栽进了赛场的泥地里。尽管尼禄被搀扶着回到了战车上，他还是没能到达终点。所幸无论如何裁判都会宣布他获胜。

跨页图　尼禄有时会在马克西姆斯竞技场中以战车御者的身份出场，有次他尝试驾驶一辆十马战车参赛，但未能成功。

"尼禄尤其醉心于取悦民众，他嫉妒在任何情况下都能激发民众情绪的人。"

——苏维托尼乌斯

弑母之谋

但尼禄同卡利古拉一样，像一颗会随时爆炸的炸弹。他认为母亲阿格里皮娜掌握着本该属于他的权力，并且在操控他的统治。尼禄和阿格里皮娜之间的关系危险而浓烈，他们母子的感情可谓爱恨交融。最终，他将阿格里皮娜驱逐出宫，解雇了她的贴身侍卫，还试图将阿格里皮娜毒死。尼禄曾三次想要毒害母亲，但阿格里皮娜每次都用解毒剂捡回了性命，而后尼禄又命人对阿格里皮娜床位上方的砖块做了手脚，企图在其睡觉时让砖块砸在她身上。但阿格里皮娜知道了他的阴谋，又一次死里逃生。

左图　尼禄几次试图谋杀母亲阿格里皮娜，但她每次都幸免于难。最后，她被人刺死，而现场被伪装成自杀。

跨页图　在某场角斗赛中，尼禄和阿格里皮娜同时伸出大拇指，这对母子如此和睦的景象是难得一见的。

　　之后尼禄又以尽孝为由邀请阿格里皮娜到贝亚海滨胜地的别墅共进晚餐。在确认阿格里皮娜将要搭乘的船遭遇"意外"后，尼禄便让阿格里皮娜坐他的私人船只回家。按照尼禄的计划，这艘船会在深水区崩裂瓦解，阿格里皮娜则会葬身大海。他彻夜未眠，焦急地等待着消息。这次他又失败了，翌日清晨他得知母亲乘坐的船虽然沉了，但她拼命游到了岸边。公元59年，尼禄的阴谋最终还是得逞了，他命人刺杀了阿格里皮娜，并将这起谋杀伪装成自杀。

　　随后，尼禄于62年下令处死自己的妻子屋大维娅，他本以为妻子的死会招来麻烦，但却什么也没发生。此后，尼禄看似可以高枕无忧了，但他却性情大变，情绪逐渐失控，在自己在位的最后六年深陷堕落与疯狂的泥沼。

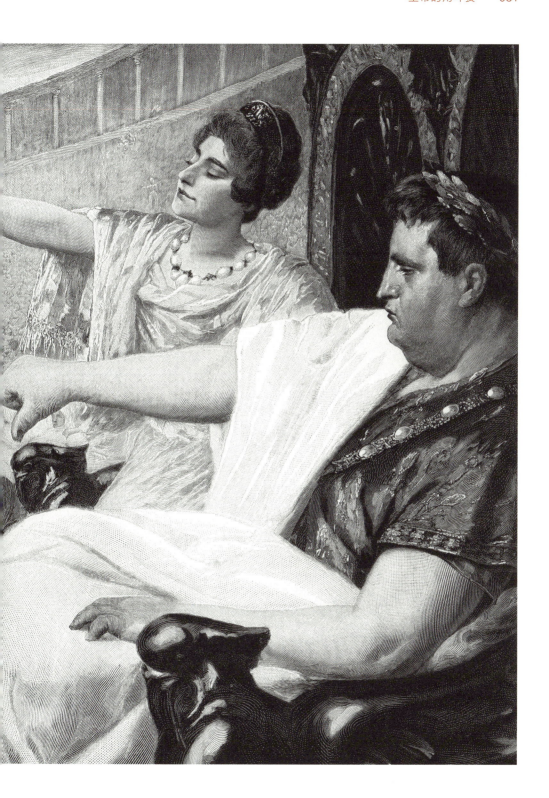

处决基督徒

　　尼禄对基督徒的迫害与殉道的兴起密不可分，这也证明了罗马帝王崇拜毫无道德可言。虽然基督教的势力在尼禄统治时期还相对较弱，但最终它比看似强劲的罗马文明走得更远。苏维托尼乌斯在书中描述了尼禄对基督教徒的迫害，他认为正是这样的行为最终导致了罗马帝国分崩离析：

　　起初，尼禄逮捕了那些承认自己是基督徒的人，之后根据这些人的揭发，又判了很多人的罪，他们的罪名不是纵火毁城，而是憎恨人类。他们在临死时还遭到侮辱：有的人被披上兽皮，被狗撕咬而死；有的人被钉在十字架上；当夜幕降临，还有的人被点燃，当作夜间照明用的灯火。尼禄开放自己的花园，任民众游览。他在竞技场中举办比赛，自己穿着战车御者的服装混在人群里或站在马车上。尽管基督徒的罪行被判处要承受这种残酷至极的惩罚，但他们的死还是惹人怜悯，民众认为尼禄杀死基督徒并不是为了国家利益，而是为了满足自己残暴的私欲。

　　　　　　　　　　　　——《罗马十二帝王传》，苏维托尼乌斯著，汤姆森、福雷斯特译

下图　尼禄迫害基督徒的方式极其残暴，他将兽皮缝在基督徒身上，任由他们被野狗活咬死。

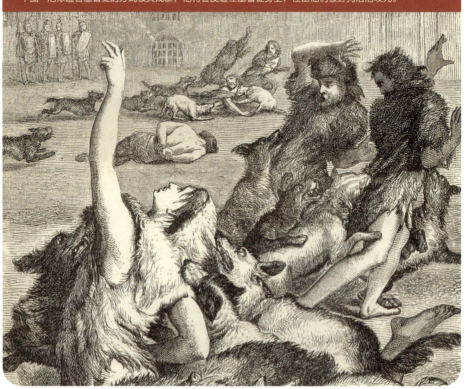

"天一黑他便上街游荡，惹是生非……他曾殴打晚宴结束后回家的人，把任何胆敢反抗他的人捅伤后扔进下水道。"

——苏维托尼乌斯

婚姻与谋杀

每当夜幕降临，尼禄便在罗马的大街上游荡，找寻男男女女，行云雨之事。他还喜欢怂恿随行的角斗士打架斗殴。尼禄设立了一个湖边节日，在这一天，他按照"年龄和罪恶程度"给来宾排序，让他们按序乘着木筏相向而行。岸边挤满了贵族妇女和妓女，黑夜中的火把将她们的面容照亮，乐队演奏的音乐声在湖畔回荡。在某个湖畔节日中，尼禄扮演新娘，嫁给了一个名叫毕达哥拉斯（Pythagoras）的希腊人，正如塔西佗所述：

> 皇帝在证人的见证之下戴上了新娘的面纱。那里不仅有嫁妆、婚床，还有婚礼用的火把。总之，正常婚礼中需要靠黑夜来掩蔽的东西，在这里都被毫无遮拦地摆在明面上。
>
> ——《编年史》，塔西佗著，
> 阿尔弗雷德·丘尔基、威廉·布里德里布译

尼禄的种种作为导致了罗马的分裂。他处决了许多元老，并扬言不会放过剩下的那些元老。一些元老曾密谋反抗尼禄，但尼禄总会找借口随意处决人，所有的元老和罗马贵族都时刻为自己的性命提心吊胆，不敢轻举妄动；而罗马民众对尼禄的态度却有所不同，正如塔西佗所说："诸如此类的自我表白很对民众的胃口，因为他们喜欢各种比赛和表演，并且他们还担心尼禄离开后粮食的供应量会不足（这始终是民众最关心的问题）。"

下图　在庞贝城发掘出的色雷斯角斗士青铜头盔。

尼禄不仅保证了罗马民众的粮食供应，还计划将血腥暴力的大型角斗赛事重新提上日程。虽然这些表演花费极高，但钱对尼禄来说不是问题。这位皇帝该庆幸的是，帝国在一万名官僚的控制下仍有条不紊地运转着。官员们为了帝国的未来埋头苦干，而尼禄却终日沉溺于他那些骇人听闻的娱乐游戏。

为了创造出前所未有的表演形式，尼禄建造了一个新的竞技场，还新增了女子角斗这个项目。他发明了一个新节目，自己也参与其中，苏维托尼乌斯在书中说道：

> 尼禄的淫荡竟能达到这种程度：他身边几乎所有人都被他玷污过。最后，他发明出一种游戏，尼禄自己身披兽皮，从兽笼中被放出后，去攻击被绑在木桩上的男女的私处。
>
> ——《罗马十二帝王传》，苏维托尼乌斯著，J.C. 罗尔夫译

纵火与伪造

尼禄的统治最终还是走向了终结。64 年，马克西姆斯竞技场发生了一场大火，这场大火持续了 9 天，城市大部分地区被烧毁。据传这场火是尼禄亲手放的，他一边看着整个罗马被火海吞噬，一边演奏着提琴。但事实上，那时他正在距离罗马 35 千米的安提乌姆的别墅里。尽管如此，人们还是把矛头指向了尼禄，原因主要是他那备受争议的罗马重建计划——尼禄金殿，一个规划面积达 300 英亩（约 121 公顷）的豪华宫殿建筑群，完工后预计将占整座城市面积的三分之一。罗马民众认为"尼禄金殿"计划就是尼禄纵火的证据。尼禄则谴责基督徒是罪犯，他们在尼禄残酷的恐怖统治下惨遭迫害。尼禄本想将矛头指向基督徒以此来转移公众的注意力，但却适得其反，他得了个"反基督教者"的绰号。

尼禄的狂妄自大断送了他的帝王生涯。他的铺张浪费

跨页图　艺术家笔下 68 年尼禄自杀的情形。

让罗马几近破产，随之上涨的税收压得民众喘不过气来。但尼禄的统治最终被倾覆，禁卫军与加尔巴将军领导的起义军结为联盟，元老院宣布尼禄成为国家公敌。

　　元老院还发布法令，宣布尼禄应像奴隶一样被钉在十字架上，被鞭打而死。尼禄不得不逃离罗马，最后在城外的别墅中自尽。当罗马的元老和士兵们得知尼禄的死讯欢呼雀跃时，罗马民众的反应却恰恰相反，塔西佗在书中提道：

　　沉迷于观看比赛和戏剧的下层阶级，这个国家最卑贱的奴隶，还有那些挥霍掉自己的财产后恬不知耻地靠尼禄赏赐为生的人都垂头丧气，急不可耐地打听着每一个关于尼禄生死的消息。

　　　　　　——《编年史》，塔西佗著，阿尔弗雷德·丘尔基、威廉·布里德里布译

　　在罗马，大众娱乐似乎比帝国各式各样的恶行和腐败重要得多。

朱里亚·克劳狄王朝的覆灭

跨页图　韦帕芗皇帝视察
罗马斗兽场的建设工作。

　　朱里亚·克劳狄王朝始于奥古斯都，终于尼禄。罗马
的共和时代一去不复返了。大多数元老不是被处决就是被
流放。幸存者要么屈服于尼禄的暴政，要么曲意逢迎，试
图讨好他。然而这些人都没得到什么好处，皇权反倒落到

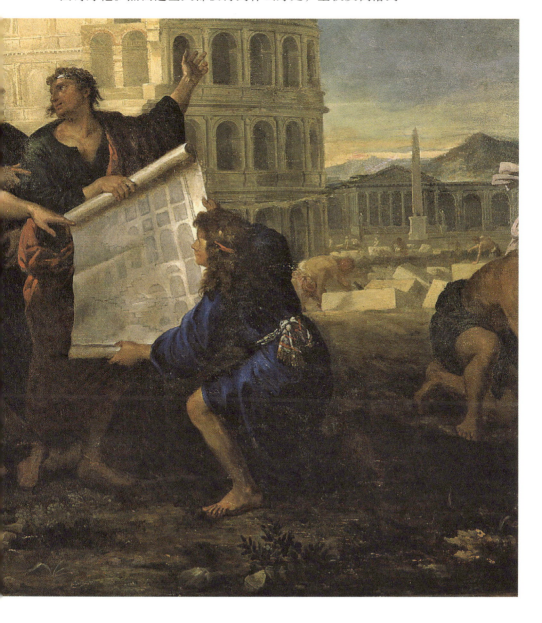

跨页图 描绘了罗马斗兽场横截面图，图中展示了竞技场下地宫（hypogeum）中的通道、隔间和升降装置。

了在各行省拥有强大军队之人的手里。加尔巴、奥索和维特利乌斯这三任皇帝见证了寥寥数月之内罗马帝国的兴衰。前执政官韦帕芗是一名将军，他得到了埃及、犹太、叙利亚和多瑙河流域地区罗马军团的支持，在这场动荡中获得最终胜利。他率领军队攻向罗马城，懦弱无能的元老院只得宣布韦帕芗为皇帝。弗拉维王朝由此建立。韦帕芗与元老院的联系并不紧密，他只想让历经动荡的罗马恢复稳定。想要国家稳定，首先得充实国库。此时的罗马已是一片废墟，修复支离破碎的基础设施需要4000万塞斯特提，有些地方即使没被大火烧毁也为了给"尼禄金殿"让位而被夷为平地了。韦帕芗把预留给尼禄金殿的大部分土地归还给了罗马人民，并用剩下的土地修建了大型公共建筑。其中最大的建筑是一座石质圆形竞技场，也就是后来为人们熟知的罗马斗兽场。

韦帕芗建造的这座巨大的"藏骸所"深得民心。尼禄建造的木制竞技场随着他的残暴统治一同被烧为灰烬，罗马斗兽场取而代之。韦帕芗建此竞技场是为了把尼禄的恐怖统治从公众的意识中清除出去。罗马斗兽场以一种盛大、慷慨和治愈的方式，为罗马民众最喜爱的娱乐活动——暴力与屠杀——提供了场地，同时也宣扬了罗马帝国的威严。

罗马斗兽场在韦帕芗之子提图斯（Titus）统治期间（80年）竣工，这标志着角斗赛进入了一个崭新的时代。罗马斗兽场采用最先进的工艺建造而成，可容纳五万多名观众，这里上演了许多前所未有的大型杀戮表演。有时候一场比赛会持续好几个星期。这就是我们想象中的古罗马角斗赛时代。

"他（提图斯）不仅贡献了一座竞技场，还斥巨资举办了盛大的角斗表演……在这里举办角斗赛，一天之内就能放出五千只不同种类的野兽。"

——苏维托尼乌斯

发展

角斗士通常是战俘、死囚和曾挑战罗马权威的奴隶。一旦被判进入角斗士学校，人们就被剥夺了一切公民自由，从此名誉扫地。但也有元老、普通公民和其他自由人自愿成为角斗士。

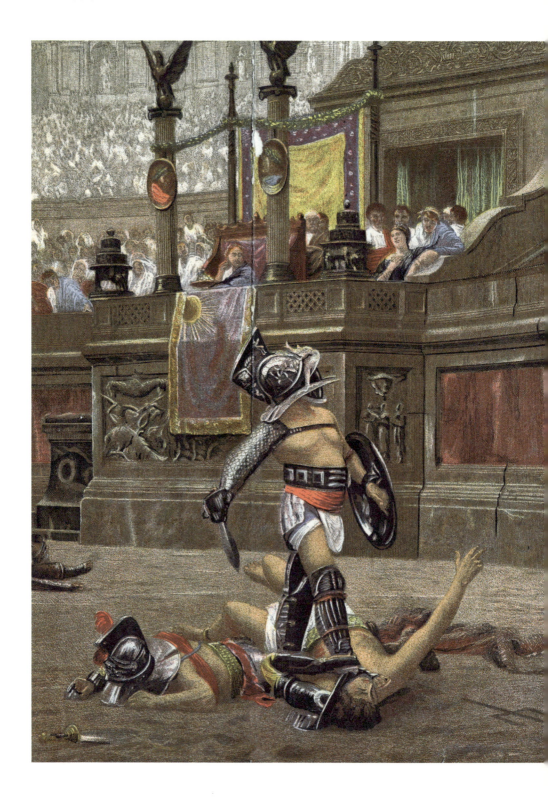

共和国末期与帝国初期之交的罗马正处于鼎盛时代，大部分角斗士都是战俘。罗马帝国发动战争攻破了一个又一个地中海沿岸国家，成千上万的反抗者被带上镣铐运回罗马。这些人中不乏意气高昂的战士，而他们中大多数人的最终命运都是走上竞技场，奥古斯都和克劳狄举办的盛大海战表演中就有他们的身影。

然而，随着帝国日渐式微，角斗士的性质也发生了变化。114年，罗马迎来了巅峰时期。这一年，图拉真皇帝率军队占领了亚美尼亚，终结了就此地与帕提亚产生的宗主权争议，并决定进军美索不达米亚。图拉真是自亚历山大大帝以来第一位做出如此举动的统治者。这个新生的大国令图拉真忧心忡忡，凝视着眼前这片一望无垠的不毛之地，图拉真意识到这片土地幅员辽阔，且距罗马极远，帝国的疆界已不可再拓了。从那时起，罗马停止了扩张，开始集中力量管控所辖领土。罗马统治者认为拓宽疆土是一件慷慨之事，这让被征服者有机会享受到罗马帝国的恩惠。只要各辖地都缴纳税款，共同维护罗马的和平统治，便可自由地沐浴在罗马帝国的光辉之下。

罗马帝国对甘心臣服的人很宽容，对任何胆敢反抗的人都会给予处死、奴役或送进角斗士学校的惩罚。对罗马人而言，这是天经地义的事情。反叛者在罗马社会绝无立足之地，等待他们的只有死亡。不是在竞技场上被野兽咬死，就是被火烧死或被剑刺死。

跨页图　观众大拇指的转动表明了对战败角斗士生死的态度。
上图　来自意大利拉奎拉省普里图罗1世纪的浮雕，上面刻着角斗士。

从前罗马的角斗士大多是战败国的俘虏，但自扩张停止后，罗马帝国便开始从境内反叛者中挑选角斗士了。

宗教迫害

犹太人和基督徒常被列在角斗士的名单上。被钉死在十字架上是最常见的惩罚：数以千计的加入斯巴达克斯角斗士军团的奴隶被处死于亚壁古道沿途的十字架上。尼禄还把成千上万名基督徒钉在十字架上，点燃他们的尸体，将其当作人体火把为夜间的角斗赛照明。犹太人起义后不久，耶路撒冷于 70 年陷落，数千名犹太人死在了提图斯和韦帕芗举办的角斗表演中。

帝国有时也会彰显自己的仁慈，不立马处决诽谤者，而是给他们一个改过自新的机会。最常见的方式是奴役。罗马人认为这些人本应被处死，但奴隶制度将他们

从鬼门关"救"了回来。奴隶制度既拯救了个体，也拯救了整个民族。奥古斯都曾在《奥古斯都功德碑》中说自己"保护"了所有的外族：

> 我在全世界的陆地和海域发动战争，作为胜者，我赦免了所有请求饶恕的公民。对那些可以被宽恕且无害的外族，我宁愿保护而不是歼灭他们。
> ——《奥古斯都功德碑》，奥古斯都著，托马斯·布什内尔译

罗马人认为，他们救了这些奴隶的命就是给予了他们莫大的恩惠，因此这些奴隶理所当然永远欠他们的情。他们甚至还期望自己的奴隶会时常向自己表达感激之情，因为主人不仅救了他们的命，还给他们提供了衣食住所。因此罗马人认为惩罚不服从命令的奴隶也是无可非议的。惩罚的性质和严厉程度均由主人定夺。有些主人会在遗嘱中明确要求自己的奴隶永不得获释，这样的事例有很多，一般来说这一命令在主人去世后生效。拒不服从命令的奴隶只有死路一条。奴隶欠主人一条命，所以主人也有权拿走这条命。对于那些严重触犯主人权威的奴隶，最常见的两种处罚方式是钉死在十字架上或扔给野兽将其分尸。其余的奴隶会遭到放逐，被迫进入当地的角斗士学校。

跨页图　火刑（即被火烧死）是竞技场上最常见的处决罪犯的刑罚。尼禄在此刑罚的基础上变本加厉，他点燃基督徒将其当作火把以供夜间角斗赛照明之用。

右图　利比亚萨布拉塔剧院（Sabratha Theatre）的浮雕描绘了一个主人斥责奴隶的场景。

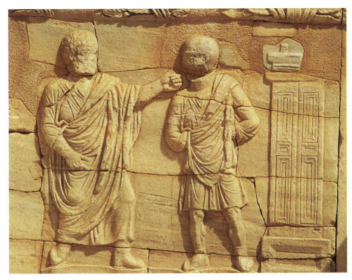

犯罪之人

　　犯重罪的人也可能成为角斗士，至于犯什么罪会被判进入角斗士学校这一问题，至今尚无定论。据部分罗马作家所说，犯谋杀罪、纵火罪和抢劫寺庙罪的犯人会被判处成为角斗士，但也有作家称，犯这些罪的犯人会被处以死刑。具有良好战斗素质的罪犯最有可能被判成为角斗士，而鲜少运动、体质虚弱的罪犯则会被直接处死。

　　罗马帝国末期，法庭在奴隶判决中的地位发生了变化。2世纪，哈德良皇帝通过了一项法律，被指控犯罪的奴隶必须到法庭接受审判，主人不得随意处决奴隶。从4世纪开始，被钉死在十字架上和被送进角斗士学校这两项处罚被废除了。

上图　哈德良是五贤帝之一，这位人道主义者爱好希腊文化，还在罗马掀起了蓄须的风尚。

跨页图　这幅浅浮雕展示了角斗士在罗马斗兽场中战斗的情形。

角斗士学校

　　尽管许多人认为被送到角斗士学校比死亡更可怕，但罗马人却认为这是一种与奴役无异的宽大处理。一方面，角斗士处于社会最底层，他们放弃了生存的权利，早已身败名裂，地位比演员和妓女还低。但另一方面，角斗士还有机会证明自己的价值并重返社会。这样看来，角斗士比奴隶更能掌控自己的命运之舵。角斗士在赛场上为生存而战，倘若获胜他就可能当场获释。

　　但角斗士要想获得自由就必须在战斗中赢得光明磊落。其实角斗赛本身就存在极大的矛盾，那些成为角斗士的人大多是违背罗马法律且臭名昭著的底层人，但人们却期望他们在战斗中表现出那些铸就了强大帝国的种种美德，包括身强力壮（*fortitudo*）、训练有素、信念坚定（*constantia*）、极具耐力（*patientia*）、蔑视死亡、

> "对那些可以被宽恕且无害的外族，我宁愿保护而不歼灭他们。"
>
> ——奥古斯都

下图　这幅 16 世纪的印象画展现了角斗士们在罗马广场上打斗的场景。

热爱荣耀和渴望胜利。罗马人凭借这些美好的品质征服了世界；在赛场上展现出这些美德的角斗士能赢得奖励、名誉、尊重，甚至获得自由。而那些怯懦胆小的角斗士则会遭受极端的蔑视。交纵错杂的对立态度极为怪诞，这引起了当时评论家的注意，德尔图良曾谈道：

嘲讽与辱骂并非源自人们心中仇恨或赞美的情感……这是何等的颠倒！他们欣赏其所惩处的；又蔑视自己所嘉奖的；他们尊崇艺术，却又羞辱艺术家。

——《论戏剧》，德尔图良著，S. 塞尔沃尔译

光荣的渣滓

共和主义演说家西塞罗巧妙地总结了罗马人对待角斗士的矛盾态度。他经常将自己在政治上的对手贬为角斗士，但在下面这段话中，他赞扬了角斗士坚韧的品质：

角斗士将承受怎样的创伤啊，他们被视为野蛮之人，被当作人类渣滓！他们明明是受过角斗训练的人，但为何宁愿受伤也不愿躲避呢！他们无数次地证明，自己除了满足主人和人民之外别无所求！当他们满身伤痕时，只想让主人感受到快乐；如果主人希望他们死去，他们便随时准备倒地离世。可曾听见哪个角斗士——哪怕是无名之卒——发出过一声叹息？可曾见他们面色苍白？又有哪位角斗士在实战中，哪怕在面临死亡时使自己蒙羞过？有哪位角斗士被打败后会缩起脖子，逃避死亡？他们训练有素、从容不迫、作风优良，他们的力量如此之大！这美好的品质值得让一个无耻的萨莫奈人用任何物品来交换；一个为荣耀而生的人，他的灵魂中怎会有如此柔软的一隅，甚至连理性和反思都无法使其硬化。有人认为角斗既残忍又不人道，但角斗赛如今仍然存在且正常运行，因此我无法评判，或许也的确如这些人所说；但当这些有罪之人打斗时，我们或许能够以耳代目（用眼看是绝不可行的）使自己坚强起来，勇于对抗痛苦与死亡。

——《图斯库路姆论辩集》，马尔库斯·图利乌斯·西塞罗著，查尔斯·杜克·扬译

上图　西塞罗是罗马伟大的演说家之一，他在罗马内战后仍拼命捍卫共和理想。

自由人角斗士

鉴于罗马人对角斗士的普遍看法，许多自由人自愿成为角斗士这一点着实令人费解。无数被定罪的犯人、奴隶和战俘成了角斗士，而走上竞技场的自由人同样不计其数。自 1 世纪开始，角斗士中战俘的数量大幅减少，据部分历史学家估计，自由人大约占了当时角斗士总数的一半。角斗士中不仅有罗马平民，奥古斯都颁布相关法令后，不少骑士贵族、元老甚至皇帝自己也都纷纷走上了角斗场。

然而除位于罗马社会顶层的少数权贵之外，其他自由人一旦迈进了角斗士学校的大门，就意味着放弃了自己的所有特权。一旦某人作为角斗士接受了酬劳，那么他就永远放弃了自己的公民权利，还会被列入"黑名单"。之后他的社会地位便会

> "可曾听见哪个角斗士——哪怕是无名之卒——发出过一
> 声叹息？可曾见他们面色苍白？又有哪位角斗士在实战中，
> 哪怕在面临死亡时使自己蒙羞过？"
>
> ——西塞罗

下降，与奴隶无异，并且和奴隶一样完全依赖于其主人（这里的主人通常是指角斗士的主人或角斗士学校的管理者）。

自由人会因以下原因走上角斗士的道路：

第一，为了逃避兵役。当时的评论家认为，当几年角斗士要比在军队服役20到25年好很多，因为参军后大部分时间都得在意大利境外度过。由此人们可能会选择在角斗士学校里待上三到五年来争取获得自由，但也不排除会在此过程中丧命。

第二，从海外归来的退伍军人难以适应平民生活。对于他们来说，进入角斗士学校也是一种不错的选择。尽管军团士兵退伍后能得到一块土地，但许多士兵并不想成为农民，也不想当低贱的劳工或剑器出租者。

第三，有的自由人为了钱而选择成为角斗士。帝国时期曾有人因为急需钱为死

赤裸的耻辱

在罗马共和国时期，元老院禁止贵族作为角斗士参加战斗，他们认为这有失贵族的体面。奥古斯都在帝国初期便废除了这一法令，提比略称帝后再次试图禁止贵族参与角斗赛，但没能成功。罗马贵族戴上头盔遮掩面部，不在观众面前暴露身份，这样就能钻法令的空子。但并不是所有人都如此谨慎。尤维纳利斯是罗马伟大的讽刺诗人，据他所述，公元15年提比略统治时期，身为罗马贵族和护民官的格拉古因未戴头盔就出现在竞技场上而使自己蒙羞：

能为这一切（丑闻）加冕的，除了这座圆形竞技场外还有什么？你已见过了这座城市的耻辱——格拉古不像鱼盔角斗士那样拥有精良的装备，手持盾牌或曲剑（因为他极力谴责——没错，他谴责并憎恨这种装备）。他也不会把脸藏在头盔下。看啊！他挥舞着三叉戟，将挂在右手上的网撒向对手但却毫无作用，这时他勇敢地将毫无遮拦的脸朝向观众，很快就被认了出来，他只得匆忙穿过竞技场落荒而逃。这件短袍我们可不会认错，他那高帽上的金色丝带顺着颈部垂下，随着微风摇曳。这位追击角斗士被迫与格拉古对战，他所遭受的耻辱胜过了身上的任何创伤。

——《讽刺诗》第八首，尤维纳利斯著，G.G.拉姆赛译

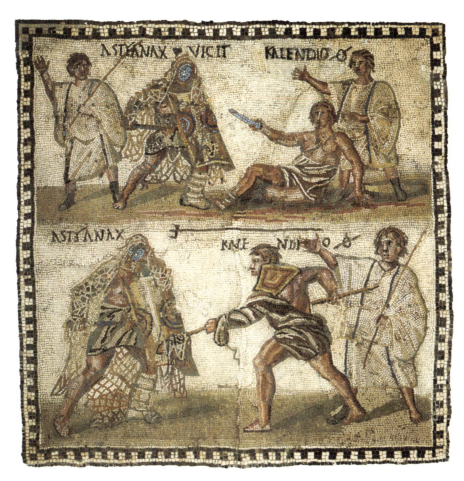

去的亲属置办葬礼而成为了角斗士。还有一名男子参加角斗是为了筹钱救一位被囚禁的朋友。还有很多类似的故事，讲的是权贵们的财产丢失或被其挥霍殆尽后，企图通过参加角斗赛揽财。尽管这听起来很极端，但许多曾腰缠万贯而如今却身无分文的骑士贵族除了当角斗士之外没有别的方法可获取更多的钱财。除此之外，他们也可以选择成为学校老师或加入军队成为一名士兵，但其中有一些人则走上了犯罪的道路。战斗技能是罗马上流社会的教育必修课，因此成为角斗士自然成了他们最好的职业选择。这些罗马贵族在竞技场上以角斗士的身份证明了自己的价值，尽管他们早已名誉扫地，但仍可以带着佯装的骄傲重返社会，不过那时他们的社会地位也早已不似从前了。

上图　这幅4世纪的镶嵌画描绘了追击角斗士阿斯蒂亚纳克斯（Astyanax）和渔网角斗士卡伦狄奥（Kalendio）之间的战斗。

"他也不会把
脸藏在头盔下。
看啊! 他挥舞着
三叉戟。"

——尤维纳利斯

屠戮血欲

有一些富裕的罗马人选择成为角斗士并不是为了奖赏,
而是为了体验刺激。据德尔图良等基督教辩护士所述,罗马
扩张放缓的第一个世纪,许多年轻而富有的贵族被战斗的欲
望冲昏了头脑。笔者认为这种战斗的欲望反映出罗马掌权的
精英们道德败坏的一面。位居罗马社会顶端的人——如皇帝
卡利古拉和康茂德——常常沉醉于暴力之中,参加角斗赛总
会遭到贵族和平民的蔑视与嘲笑,作为角斗士用木制武器进
行战斗时更会引来嗤笑,康茂德在竞技场上就只用过木制的
鲁迪斯剑作为武器。

角斗士学校的生活

下图 位于土耳其艾
登省阿佛洛狄忒西亚
(Aphrodisias)体育场的
角斗士入场口。

下页下图 马格努斯角斗
学 校(Ludus Magnus)
是罗马规模最大也是最重
要的角斗士学校。

无论这些新角斗士以前过着怎样的生活,一旦进入了角斗
士学校的大门,过往皆成云烟。进入学校后他必须立下誓言,
即角斗士之誓(*sacramentum gladiatorium*),宣告自己愿意忍
受"火烧,上镣,鞭笞和剑刺"。拒绝宣誓的后果是斩立决。
自由人会签署一份合约,上面写明工作期限、所选的角斗士类
型以及出场参赛的频率。之后他们便成了角斗士之家(*familia*

gladiatoria）的一员，各个角斗士之家通常以角斗士学校管理者或角斗士主人的名字命名。从那时起，角斗士就是属于角斗士主人或角斗士学校管理者的财产，角斗士主人和学校管理者实际上相当于监狱的看守，他们将关押的囚犯（即角斗士）出租给举办角斗赛的人。部分自由人获准在校外住宿，但并非所有人都有这样的权利，通常一些能住校外的人也会选择留在校内。

自 80 年开始，罗马四个主要的角斗士学校便开始由帝国官员管理，管理者通常是薪资不菲的贵族阶层而非普通的角斗士主人。此职务报酬丰厚的原因有二：首先，皇帝希望管理者能为帝国培养出最高质量的角斗士——外形姣好，有殊死拼搏的精神，能给皇帝和观众留下深刻的印象；其次，管理角斗士学校存在一定的生命危险，极易被攻击而面临受伤或死亡的风险。从斯巴达克斯起义就能看出，全副武装的角斗士倘若抓住机会，就有可能群起而攻，反抗管理者。

角斗训练

罗马最早的两所角斗士学校是高卢角斗学校（*Ludus Gallicus*）和达契亚角斗学校（*Ludus Dacicus*），它们原本用于训练高卢、达契亚（Dacia）的战俘。另一所马图努斯角斗学校（*Ludus Matutinus*）用于训练斗兽士（*bestiarii*）和斗猎士（*venatores*）。马格努斯角斗学校是罗马规模最大也是最重要的角斗士学校，这所学校有足够大的场地来训练骑兵和战车斗士。马格努斯角斗学校通过一条长长的地下隧道与罗马斗兽场相连，角斗士可以由此进入赛场而不必在众目睽睽之下入场。据估计，罗马帝国曾有

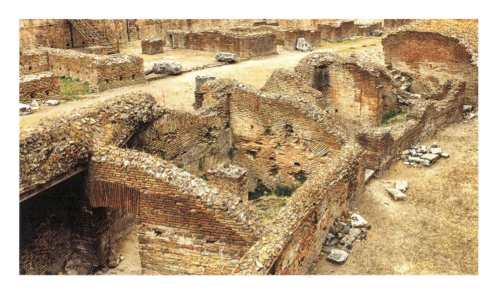

下图　德国宁格（Nennig）一栋别墅的地砖上，一幅3世纪的镶嵌画描绘了渔网角斗士与追击角斗士鏖战的情形。

100多所角斗士学校，但具体的数字尚无定论。

所有新的角斗士（*novicius*，指刚被奴役的待训奴隶）入校时都要接受校医的检查。校医尤其看重新人的身体健康和外形条件，从这两方面可以判定其能否经受数小时的严格训练，以及其外表体型能否取悦观众。所有体质虚弱、身体受损或外形欠佳者都会被拒之门外。顺利通过检查的人则会被带入他们的"新家"，在学校里，校规就是法律，而角斗士的主人则像皇帝一样统治着他们。

角斗士学校通常建在角斗士训练的中央庭院周围。庭院四周建有厨房和食堂，一间澡堂，用于存放武器的军械库，用于关押试图逃跑的角斗士的监狱，一间医务室以及角斗士

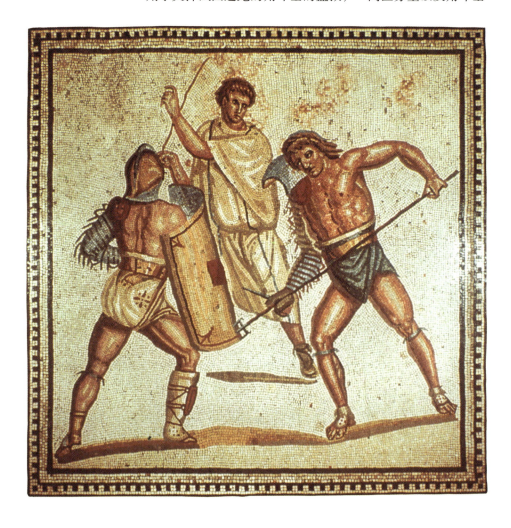

塑造体格与摧残身体

许多古罗马评论家都曾批评道：给角斗士们喂食大麦粥会增加他们的脂肪含量。其中就包括著名的医学家盖伦，作为医师的他负责为角斗士处理伤口，后来他成了皇帝马可·奥勒留的御用医生。盖伦认为食用高脂肪食物的同时进行过度的肌肉锻炼会逐渐摧毁角斗士（此处称为运动员）的身体：

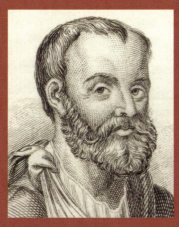

上图　盖伦是罗马著名的医学家。盖伦去世后，他的理论主导了西方医学数百年。

讨论完身体素质即健康之后，让我们看看运动员的外形情况如何。他们不仅没有从训练中得到任何好处，甚至许多原本身材完美的人反而毁在了教练手中，教练以揠苗助长的方式训练角斗士，使其肉体和血液都超负荷运作，这样的方式可谓适得其反……现役运动员的身体尚且处于这种危险的状态，一旦退役，他们的身体情况会变得更糟糕。有些人在退役不久后就去世了，那些活得稍长一些的人也无法安然进入晚年，倘若他们真的能活到老，也会像《荷马史诗》中的牧师一样"腿脚不便，身体畸形，双目斜视"。就像被战争机器震松了基底的墙，再遇袭击时很容易就会轰然倒塌一样，运动员的身体因受过冲击已变得虚弱不堪，所以最轻微的刺激都会引发疾病。他们的眼睛凹陷得甚至能够积水；他们的牙齿极易受损、脱落。由于肌肉和肌腱经常撕裂，他们的关节已变得无法承受压力因而极易脱臼。

——《学艺的训诫》（ *Exhortation to Sindy the Arts* ），盖伦著，约瑟夫·沃许译

所住的隔间。两名角斗士共用一间不足 15 平方米的无窗小屋。

室外的训练场模仿现实中的竞技场而建，场地呈椭圆形，长轴长约 60 米，短轴长约 40 米，高于地面的座位环绕四周，像马格努斯这样的大型角斗士学校最多可容纳 3000 名观众。这些观众里有角斗赛狂热爱好者，有对角斗感兴趣的权贵，也有为寻找新的天赋选手下注的赌徒。

日常训练

角斗士的日程遵循严格的规定。黎明时分，从隔间出来后去食堂吃早餐。因为常吃大麦，角斗士也被称为"嚼大麦的人"（ *hordearii* ）。通常被用来饲养动物的大麦，在提供高能量的同时也能增加食用者的脂肪，包裹在肌肉周围的脂肪能有效帮

助角斗士在竞技场上抵挡刀伤。只有在比赛前夜这样的特殊时刻，角斗士们才能吃上肉。这些肉通常来自野兽斗猎表演中被杀死的动物，因此可能会有老虎肉或大象肉这样的珍奇食材。

早餐后，角斗士来到中央庭院，一天中的大部分时间他们都在这里进行实训和操练。首先，新角斗士要练习用木剑击打两米高的木桩（palns）。木剑和其他所有用于练习的武器都是实战武器的两倍重，这有助于增强受训者的体力和耐力。

经过一段时间的练习后，角斗士主人会为每个新角斗士分配一个角斗士种类。之后他们便在专业教练的指导下，选择相应的盔甲和武器进行训练。这些教练通常是退役的角斗士，他们能给这些新人讲讲自己的角斗经历，但他们已不再适合上场参赛。他们的工作是帮助新人反复练习，直到他们将这些动作练成一种本能反应。

除了学习不同类型的角斗士如何战斗之外，学校中基本的角斗训练与罗马军团士兵的训练相似。训练所用的木剑由罗马军团士兵使用的短剑即"gladius"演变而来，gladiator 即角斗士，这一称呼也来源于 gladius 一词。在许多战斗兵阵中，军团士兵会将盾牌紧贴在一起，并将短剑从盾牌间的缝隙中接连刺出。罗马通过这种组织有序的作战方法打下了一场场战役，最终才有了罗马帝国的诞生。当作战方式变为肉搏战时，军团士兵就会像角斗士一样，瞄准对手身体最脆弱的部位进行攻击。他们明白每一次进攻都须用特定的防守方式进行防御，之后再根据情况进行反击。

"新晋角斗士在训练中使用的柳编圆盾比实战中使用的圆盾重一倍，他们所用的木剑也是普通剑的两倍重。"

——韦格蒂乌斯

韦格蒂乌斯是4世纪的一位罗马作家，他写了一本军事手册，简述了军团士兵和角斗士所进行的训练：

古人的书卷里记载着他们训练新兵的方法。他们用编制篱笆的方式将树枝做成盾，其重量是实战中盾牌重量的两倍，所用的木剑也比普通的木剑重一倍，他们从早晨到下午都会用这两种武器进行训练。无论是对于军团士兵还是角斗士来说，这样的练习都极为重要。倘若从未进行过这种训练，那么无论是战场上的战士还是竞技场上的角斗士，都不可能成为所向披靡的高手。因此每个新兵都必须亲自把高约6英尺的木桩打进地里，使其笔直坚挺地立起来。新兵应把木桩当做真正的敌人一样，将前文所述的特制盾牌和木剑当作真盾真剑一样进行训练。士兵应时而瞄准头部或面部进行刺杀，时而攻击其两肋，时而攻击其腿部，尽力砍伤其腘窝。士兵须做到时进时退，宛如对付真正的敌人一般，在这个桩上做尽所有的进攻动作。在操练过程中，要时刻注意让新兵在杀伤对方的同时力避暴露自己身体的任何部位……在训练过程中注重练习精准刺杀，而不是乱砍一气。那些在对战时只会乱劈乱砍的人，罗马人不仅能轻易将其击败，并且还会嘲笑他们。如果一味地砍劈，不论用多大的力气也无法将敌人置于死地，因为敌人总是会用武器护卫自己身体的重要部位，且身体的骨骼也能起到一定的保护作用。倘若采取刺击的方法，只要剑刺入人体内2英寸就足以致命。

——《兵法简述》，韦格蒂乌斯著，约翰科拉克译

上页下图　罗马军团士兵在训练中使用的木桩同样也被用于角斗士学校中的训练。

上图　竞技场上的鱼盔角斗士。

> "他（尼禄）赠予角斗士斯皮克鲁斯的财
> 产与地产同赠予凯旋者的相当。"
>
> ——苏维托尼乌斯

木桩不仅是一种训练工具，也用于指代学校中最出色的角斗士。所有在竞技场上击败对手的角斗士都可以自称老将。每所角斗士学校中赢得最多比赛的人则为顶尖老将，他们会被授予"头桩"（*primus palus*）的称号。获胜次数位列第二的则被称为"二桩"（*secundus palus*），以此类推。角斗士学校鼓励竞争，因而角斗士之间的竞争十分激烈。也是由于这个原因，为避免私下打斗，不同类型的角斗士在非训练时间是被隔离开来的。鱼盔角斗士在竞技场上经常与色雷斯角斗士对战，但这两类角斗士在场外是不允许会面的。

战友之情

尽管有这种隔离的规定，但竞争与友情的神奇交融还是在角斗士之间形成了某种纽带关系。或许头天晚上两个角斗士还在同一张餐桌吃饭，第二天他们就会在竞技场上互相残杀，这场对决的幸存者可能会亲手埋葬自己的对手。每个学校通常都会组建学校工会来保护角斗士的权利，工会将负责为死去的角斗士举办葬礼，并在其死后将遗物转交给亲属。

很少有角斗士能给亲属留下遗产。角斗士根据不同的等级被定价，比赛的组织者或主办方举办一场角斗赛需要在角斗士身上花费 1000 到 15000 塞斯特提。这笔钱大部分都进入了角斗士主人的口袋，而角斗士只有在获胜的情况下才能拿到一部分钱。一名角斗士最多能拿到 20% 左右的佣金，自由人最多能拿到四分之一。已获自由且经验丰富的老将倘若重返赛场则可以大赚一笔。

获释的角斗士被称为鲁迪阿留斯（*rudiarius*），被授予象征自由的木制鲁迪斯之剑后，便可离开竞技场。这种情况十

跨页图 这幅创作于 17 世纪的画作描绘了角斗士在宴会上打斗的场景。实际上这是角斗赛结束后，人们一边观看血腥表演，一边在举行宴会。

分罕见，一旦出现，万众皆惊。因此一位鲁迪阿留斯重返赛场可能会吸引更多的观众，同时带来一大笔收入。那些新人角斗士的情况却与此相反，哪怕获胜他们也只能得到几个钢镚。

　　赢得皇帝和观众喜爱的角斗士有时会得到丰厚的奖赏。尼禄从不在乎钱，人们都知道他十分慷慨。据苏维托尼乌斯说："他（尼禄）赠予角斗士斯皮克鲁斯的财产与地产同赠予凯旋者的相当。"

赛场之外

　　角斗士主人将手下的角斗士作为赚钱工具牟取暴利，在罗马民众眼中，他们的

上图 土耳其希拉波利斯古城的一座角斗士墓。

绝地反击

　　从罗马和庞贝城中的墓志铭和角斗宣传广告可以得知，角斗士在比赛中并非只有获胜才能保命。据这些墓志铭和宣传广告，一位参加过 30 场比赛的角斗士，只获胜了 15 次。还有信息表明，赢过五场以上的角斗士很受观众喜爱，在比赛中即使战败，观众也会转动拇指救他一命。

　　从墓志铭可以看出角斗士的卒年以及比赛获胜的次数。帕多瓦城中一位角斗士的墓碑上记载，这名 21 岁的男子在角斗士学校训练四年，参加了五场比赛后去世了。一位西西里岛上的角斗士的墓志铭记载，此人生前共参加 34 场比赛，成绩是 21 胜、9 平、4 负。罗马一位角斗士的墓碑上写道，此人在恺撒角斗士学校度过了 20 年，期间 19 次在比赛中获胜，然后退役，在 48 岁时以自由人的身份离世。

　　虽然角斗赛没有平均胜率一说，但据估计，每场比赛中角斗士有五分之三的生存几率。角斗士的经验越丰富，生存的几率也就越大，但也有部分作家称，角斗士大多在五年服役期的头两年就战死了。每名角斗士一年只需参加两到三场比赛，但据记载，在图拉真举办的角斗赛上，有位角斗士一连战斗了九天。比赛结束后皇帝恩准他重获自由。

地位比皮条客和屠夫高不了多少。对于角斗士主人来说，让手下最好的角斗士处于最佳战斗状态尤为重要，这样他们就可以一直为自己赚钱。另外，如果手下的角斗士在比赛中被杀死，主办方还会给予角斗士主人全额赔偿。这样看来，无论比赛结果如何，角斗士主人都稳赚不赔。

角斗士主人退休后通常会隐居在罗马城外的舒适别墅里，但对大多数角斗士来说，退役这一选择并没有多大吸引力。很少有非自由人角斗士能赚到足够的钱来为自己赎身、娶妻，并在角斗士学校之外过上正常的生活。所有角斗士，无论背景如何，都会被贴上声名狼藉的标签，而这个标签将一直伴随他们直到死亡。

退役角斗士常做的一种工作是给权贵当保镖。在共和时期这种情况很常见，尼禄和卡利古拉都曾将退役的角斗士编入贴身护卫队中。角斗士还可以创业，就像现代的职业拳击手一样，颇负盛名的退役角斗士开的餐馆或酒吧会吸引他的崇拜者光顾。常去这样的地方能让崇拜者有机会接触到这些竞技场上的明星——当然，曾经在赛场上的光环如今已黯然无光。

许多退役角斗士难以适应竞技场外的生活，他们通常会以鲁迪阿留斯的身份重返赛场。角斗士弗拉玛就是个典型例子，他曾四次被授予鲁迪斯自由之剑，但每次他都选择继续自己的角斗士生涯。他在西西里岛的墓碑上刻有如下碑文：

下图　庞贝城角斗士学校的中央训练场。

弗拉玛，追击角斗士，享年三十岁，
参赛三十四次，
二十一胜，九平，四负，
叙利亚籍，
战友德利卡乌斯敬立此碑。

诗人贺拉斯笔下的自由人角斗士在退役后成了富豪，隐居乡村庄园。皇帝提比略曾用 10 万塞斯特提的奖金引诱一位自由人角斗士重回赛场。对于大多数退役的角斗士而言，拼死一搏，拿到高额奖金后金盆洗手，这样的诱惑让人难以抗拒。但该自由人角斗士很聪明，他知道最后一战可能同角斗士生涯首战一样危险。

很多退役角斗士也会选择回学校当教练。这个职业能让他们近距离接触角斗，让他们将自己宝贵的作战经验传授给需要的人，同时他们也是角斗士主人用来招人的绝佳宣传工具。教练这一职务让新人角斗士看到，签订合约后自己不但能保住性命，退役后也能过上新生活。

离开角斗士学校是每个为生存而战的角斗士共同的梦想。然而大多数人都没能走出这里，就算他们侥幸存活并获得自由，也会发现自己早已被角斗士学校的体制毒害，无法适应校外生活了。很多人将积蓄挥霍殆尽，然后又回到学校训练、战斗，要么就四处打零工糊口。还有的人离

上页图　众所周知，尼禄会重赏那些取悦他的角斗士。

上图　罗马附近的贝佳斯庄园（Borghese estate）发现的一幅 4 世纪的镶嵌画，画中的 33 名角斗士都战死于竞技场，上面标有他们的名字。

弃世的角斗士

尽管少数角斗士一路奋战得到了"头桩"的称号，赢得了自由、喝彩以及丰厚的退休金。但对于大多数角斗士来说，角斗士学校就是他们生命的最后一站。赛场上充满敌意的观众会高声呼喊，他们期望看到角斗士血流不止，最终成为暴力对战后死在竞技场的无名之辈。这种压力与耻辱令人难以承受，因此一些角斗士选择以自我了结的方式获得解脱，正如塞涅卡所写的那样：

有个角斗士被送去参加晨间表演赛，他和其他因犯一同被装在一辆运货马车上；期间他频频点头，好像睡得很沉，他的头垂得很低，一直伸到车的辐条里；他的身体一直保持着这个姿势，车轮一旋转，他的脖子就被扭断了。他以这样的方式，在那辆押送他去受罪的马车上得到了解脱。

——《论道德：致卢齐利乌斯书信集》，
塞涅卡著，理查德·M.格默里译

但想一死了之并没那么容易，尤其是对于一个在训练场外要时刻戴着镣铐的新角斗士来说。这些欠缺经验的角斗士通常要不了多久就会崩溃，所以他们会被严加看管。在这种情况下自杀的机会少之又少。同时，自杀也需要一种破釜沉舟的决心。塞涅卡讲过这样一个故事：

最近，在一个训练斗兽角斗士的学校里，有个日耳曼人正在为晨间表演赛做准备；他借口说自己要方便走开了——这是他唯一能不用在守卫监视下做的私密之事。他走进茅房，抓住了那根顶端带有海绵的木棍，这根木棍是专门用来做最令人作呕之事的，他就这样把它塞进了自己的喉咙；他堵住了自己的气管，最终窒息身亡。这真是受辱而死！

——《论道德：致卢齐利乌斯书信集》，
塞涅卡著，理查德·M.格默里译

左图　塞涅卡是罗马贵族、哲学家和戏剧家，也是尼禄的老师。尼禄因怀疑塞涅卡意图谋害自己而赐其自尽。

开角斗士学校时一贫如洗，只能在街头乞讨，等待他们的是同大多数罗马底层阶级一样的悲惨结局——在无名的火葬堆里灰飞烟灭，或是被扔进无碑无坟的乱葬岗中。

女角斗士

　　丧葬角斗这一传统由来已久，贯穿了罗马几百年的历史，因此女性出现在竞技场上也就不足为奇了。同男性选手一样，女性角斗士中也有自由人、贵族以及被迫参赛者。罗马贵族女性自降身份出现在竞技场上是件非同寻常的事，但她们可以不收取比赛报酬，以此来避免被贴上伤风败俗的标签。

　　女性的出现在一定程度上引起了恐慌——11年，奥古斯都下令禁止不满20岁的自由人女性出现在竞技场上。提比略在19年通过了另一项法令，禁止所有年龄段的罗马贵族女性作为角斗士参赛。

　　然而这些法令的效力似乎并不持久，女性成为角斗士的趋势一直延续了下去。尼禄为悼念亡母举办的比赛中不仅有女角斗士，还有女性战车御者和女狩猎师。图密善皇帝喜欢玩新花样，他让女角斗士和侏儒在熊熊火炬点亮的夜晚展开对决。

　　阿奇里娅和雅玛逊是罗马帝国最著名的两位女角斗士，她们曾在小亚细亚对战。在今土耳其发现了一个描绘这两个

上图　刻着女角斗士雅玛逊（Amazonia）和阿奇里娅（Achillea）的大理石浮雕。据说她们之间的这场战斗以平局告终，赛后两人都获释退役了。

女角斗士战斗的大理石浮雕，其年代在 1—2 世纪之间。这两名角斗士穿着缠腰布而非短衫，手持短剑与大盾牌，身上穿戴有胫甲和护臂（manica）。她们将头盔扔在竞技场地上，或许是为了向观众展示她们并非男性。

尽管阿奇里娅与雅玛逊之间的对战受到了极大的关注，甚至有人委托艺术家以这场比赛为主题进行了创作，但女角斗士的出现令许多罗马男人深感被冒犯。塞普蒂米乌斯·塞维鲁皇帝也被此事惹恼了，他在 200 年全面禁止女性参加角斗赛。

尤维纳利斯以讽刺的口吻总结了罗马男性的立场：

谈论女性所用的紫色围腰和摔跤油的人居心何在？谁不曾见过女性对着木桩练习击杀，用剑一遍遍将其刺穿，手持盾牌向其猛扑，并完成所有战斗动作？那才是真正有资格在芙洛拉利亚节上吹响小号的女人！如果她不是胸怀远大抱负，为迎接实战而练习，哪个戴上头盔，不顾自身性别，以力量为荣的女人会如此勤恳谦逊？她知道作为女人更加快乐，因而不会选择成为男人。对于一位丈夫来说，在拍卖妻子遗物时，看着她的腰带、臂章、头盔上的羽毛和那件左腿护具被挂出待售，是一件多么美好的事；如果她属于另一种类型的角斗士，当你看到自己年轻的妻子整理胫甲时该有多么神魂颠倒！最薄的长袍对她们来说都太过闷热；她们娇嫩的肉体与最细密的丝布相互摩擦。她在完成训练后如何褪下亵裤；戴着沉重的头盔如何弯下腰；包裹她腰部的绷带是多么的粗糙又宽大；当她放下武器，展现自己的女性风采时笑得多么爽朗！

——《讽刺诗》第六首，尤维纳利斯著，G.G.拉姆赛译

角斗士崇拜

虽然走上竞技场的女性很少，但角斗赛和角斗士却对许多女性观众产生了很深的影响。英俊神勇的角斗士很受观众喜爱，他们享有的赞誉同今天的电影明星无异。这些角斗士

上图　塞普蒂米乌斯·塞维鲁皇帝是一位残暴的军事统治者，他建立了一个独裁王朝，并禁止女性作为角斗士参加比赛。

下页图　据同时代的资料显示，即使是轻瞥一眼角斗士，也会令罗马女人们神魂颠倒。

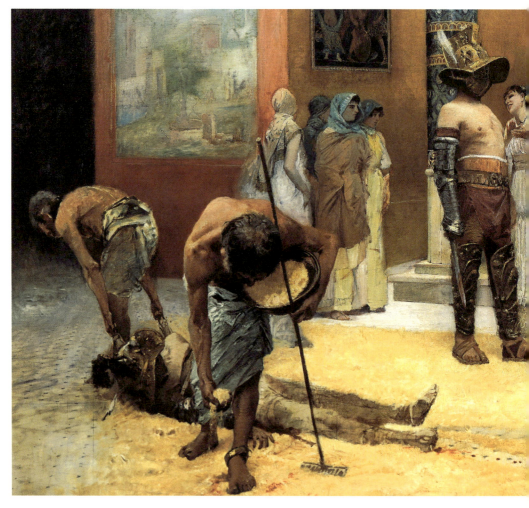

赢得了男人的崇拜又捕获了女人的芳心。诗人马库斯·瓦列里乌斯·马提亚尔这样描述角斗士赫耳墨斯获得的荣耀：

赫耳墨斯，战神之子赐予时代的欢愉；赫耳墨斯，受训精通十八般武艺；赫耳墨斯，既是斗士亦可为师；赫耳墨斯，角斗士学校中令人闻风丧胆的风云人物……赫耳墨斯，女人的心头好和迷魂药；赫耳墨斯，战士之矛便是他的荣耀。

——《隽语》，马提亚尔著，沃尔特·C.A. 克尔译

涂鸦艺术家用简短潦草的字迹便勾勒出了罗马女性对角斗士的痴迷。庞贝城墙上刻着这样的文字：“塞拉都斯令所有姑娘神魂颠倒”（*Celadus, suspirium puellarum*)，"克里斯柯是网捞年轻女孩的夜行者"(*Cresces retiarius puparum nocturnarum*)。

角斗士学校的教练会将女奴送进角斗士的隔间，犒赏他们在赛场上的出色表现，这种事屡见不鲜。迷恋角斗士的自由人女性也可以付费与爱慕之人共度良宵，这些投怀送抱的女性中不乏罗马贵族。

尤维纳利斯讲述了元老的妻子埃皮娅对角斗士塞尔吉乌斯的爱慕。埃皮娅抛弃了她那"柔软的绒毛枕"，丢下"啼哭的孩子"，跟随塞尔吉乌斯到埃及的亚历山大巡演。

尤维纳利斯对此事有两点不解——首先，大多数人不会选择乘船前往埃及，因为这段海路令人十分痛苦和煎熬；其次，他认为塞尔吉乌斯并没有那么大的魅力。他在诗里写道：

什么样朝气蓬勃的魅力迷住了埃皮娅？她到底看到了什么？竟可以忍受被人称"女角斗士"？她倾心的塞尔吉乌斯已经开始剃须修面；他手臂上的一道道疤痕让他对退役抱有一丝希望，他的脸庞已千疮百孔不堪入目：鼻子中间有个巨大的肿块，头盔留下的累累伤痕。但他终归是个角斗士！这一头衔把他们全变成了美男子雅辛托斯！她们爱角斗士胜过爱自己的孩子、祖国、姊妹和丈夫。她们爱的是这钢铁之躯！

——《讽刺诗》第六首，尤维纳利斯著，G.G. 拉姆赛译

跨页图　这幅 19 世纪的画作描绘了一场晚宴上的角斗士比赛，画中的家庭妇女们簇拥着获胜的角斗士。

右图　福斯蒂娜是安东尼·庇护皇帝之女，也是其堂兄马可·奥勒留皇帝的妻子。她的儿子康茂德称帝后成为了一名角斗士。

另一个故事讲的是皇帝马可·奥勒留的妻子福斯蒂娜，她对游行队伍中的一位角斗士一见钟情。她对角斗士的渴慕征服了自己的内心，她终于向马可·奥勒留坦白了自己的心思。皇帝询问祭司的意见，他们建议皇帝杀死这名角斗士，这样福斯蒂娜就可以

本页图 马可·奥勒留皇帝是位斯多葛学派哲学家，他以严于律己、宽以待人的方式统治着国家，而在继承人康茂德身上完全看不到他父亲这些美德的踪影。

下页上图 印有康茂德头像的硬币，其父马可·奥勒留死前康茂德尚未加冕，那时他们共同统治着罗马。

用他的鲜血沐浴，然后再与奥勒留共赴巫山。

福斯蒂娜按照祭司的"处方"做了，这一方法效果显著，她对角斗士的爱意渐渐减退了。而那晚血腥结合带来的孩子——康茂德——成了皇位的唯一继承人。康茂德是罗马最臭名昭著的皇帝，据元老卡西乌斯·狄奥说：

> 他生来就应是个角斗士而非皇子；他继承皇位后，在众目睽睽之下参加了近一千场角斗赛，他的一生都与角斗息息相关。但实际上这事令人半信半疑，既然父亲的品行如此高尚，那么儿子的恶习怎会比所有角斗士主人、戏剧演员、角斗士、罪犯和无耻之徒还要卑劣呢？
>
> ——《罗马史》，卡西乌斯·狄奥著，欧内斯特·卡里译

康茂德（161—192）

人们都认为马库斯·奥雷里乌斯·康茂德·安东尼努斯·奥古斯都（Marcus Aurelius Commodus Antoninus Augustus）是朱里亚·克劳狄王朝的救星。康茂德同尼禄一样，其在位期间罗马帝国繁荣昌盛，似无后顾之忧。他也酷似尼禄，沉溺于暴政、卑劣之事和谋杀皇室成员。康茂德与卡利古拉有同样的爱好，他对角斗如痴如醉，还以角斗士的身份亲自参赛。

马可·奥勒留之子康茂德是"五贤帝"中的最后一位，180年奥勒留去世，在此之前父子二人共同掌权。听闻父亲去世，康茂德命令士兵继续在多瑙河地区作战，而后骑马回到了阳光明媚的罗马。回城后，康茂德收到了前线胜利的喜讯，多瑙河地区的部落与罗马达成了和平协议，自此康茂德在罗马过上了皇帝生活。

康茂德与之前那些堕落的皇帝如出一辙，比起处理国家事务他更向往世俗之乐。为了充实国库，他将官位卖给出价最高的人，并允许敌对的日耳曼部落居住在罗马境内以此牟利。他的种种行为使得不少人意图谋反，元老院和康茂德的姐姐露西拉也联手想要谋害皇

帝。康茂德识破这个阴谋后，处决了露西拉及其同谋，全权接管帝国并开始了残暴统治。

卡西乌斯·狄奥是康茂德统治时期的一名元老，他斥责康茂德把罗马"从一个黄金之国变成了破铜烂铁之国"。现代历史学家认为，康茂德统治的开始即是罗马帝国的终结。但讽刺的是，康茂德在位期间，帝国边境几乎没有战争冲突。然而帝国的衰落并非始于外部冲击，反而是从内部腐化开始的。

康茂德做过许多自私自利的事，他暗中操控使罗马货币贬值，向贵族勒索钱财以维持自己日益奢侈的生活方式。一些人被他以叛国罪威胁，只能破财免灾；康茂德还处决了许多贵族，将其财富据为己有。狄奥这样写道：

康茂德从繁忙的娱乐和运动中得到一丝喘息的机会，他将目光转向了谋杀，许多重要人物命丧皇帝之手……康茂德做了许多龌龊不堪的勾当，他的双手沾满了死人的鲜血。

——《罗马史》，卡西乌斯·狄奥著，欧内斯特·卡里译

左图　一尊打扮成赫拉克勒斯的康茂德雕像：皇帝喜欢被尊为半神。

跨页图　这幅画以浪漫的手法描绘了康茂德用箭射杀豹子的场景。尽管康茂德在竞技场上格斗时不使用真刀真剑，但手持弓箭的他却是个神射手。

　　虽然从康茂德的种种表现中可以看出他杀人不眨眼，但因为他举办了多场演出，又作为角斗士参加比赛，罗马民众对他还是十分尊重。康茂德的外形强壮而健美，他会身披狮子皮，持手杖，并将自己比作神话中的半神大力士赫拉克勒斯。在竞技场上，他驾驶战车，猎杀动物，无论是掷矛或是弓箭射击他都百发百中，正如狄奥所述：

　　康茂德一生大部分时间都花在骑马和与人兽搏斗这类消遣之事上了。事实上，除了私下的所作所为，他公开杀害的人和野兽更是不计其数。他曾连续两天独自杀死了五头河马、两头大象；他还曾杀过犀牛和一头长颈鹿。

——《罗马史》，卡西乌斯·狄奥著，欧内斯特·卡里译

　　康茂德宣称自己是有史以来最伟大的角斗士，并在罗马四处张贴个人肖像。他下令将尼禄巨像的头取下换上自己的，在雕像脚下放置手杖、狮皮和青铜狮做装饰，雕像上还刻着："唯一一位曾十二次征服千人的左利手（左撇子）战士。"随后康茂德正式将罗马更名为"康茂德殖民地"（Colonia Lucia Annia Commodiana）。

　　皇帝在竞技场上的比赛充其量只是小打小闹。康茂德在赛场上使用木剑与对手战斗，而他的对手自然不敢伤他。康茂德不满足于赛场上的角斗，他把自己的宫殿也变成了训练场。在宫廷会议中，康茂德会手持钢刀对付反抗者，在这里他就不会像参加角斗赛那样手下留情了：

在赛场上他以角斗士的身份战斗；但在宫殿里，他则会想方设法置对手于死地，哪怕是在与他人近距离接触时，他都好像要剪下对方一缕头发才肯罢休；有的人被他割掉了鼻子，有的人被他切下了耳朵，还有的人被夺去了各种器官。

——《罗马史》，卡西乌斯·狄奥著，欧内斯特·卡里译

角斗场上的换装

比赛当天，在康茂德乘坐肩舆来到竞技场前，他的狮皮和手杖就会被送到这里。接下来皇帝便会进行一系列换装。他穿着白色丝绸长袍迎接元老，然后身着紫色长袍、头戴金色王冠坐在皇帝包厢里，之后再换上日常的短袍赤脚走上竞技场参加角斗。狮皮和手杖不用时就放在皇帝包厢的镀金椅子上。

康茂德会在包厢内开启当天的第一项活动——猎兽。这位皇帝曾从包厢围栏处投掷长矛杀死了 100 头熊。整个竞技场被墙分隔成了四个部分，刺中野兽也就更加容易，但大展身手之后康茂德筋疲力尽。他用一个形似手杖的杯子喝了些许酒后看向观众，这时观众便会意地喊道："皇帝万岁！"

皇帝通常会亲自揭开下午场活动和角斗赛的帷幕。他会装扮成追击角斗士走进竞技场，有时还会让观众为他挑选对手——尽管人们都知道，无论选谁当其对手，康茂德都必胜无疑。在这些比赛中康茂德还给予了自己丰厚的奖励，共计 100 万塞斯特提。这无疑是一笔巨款，尤其是对于那些最多只能拿到 1.5 万塞斯特提的职业角斗士来说。

康茂德在竞技场上尽兴之后，会装扮成天神墨丘利，回到自己的包厢观看正式角斗比赛。这位"角斗士"皇帝饶有兴趣地关注着赛况，他身处绝佳位置，一边观看比赛，一边鼓励角斗士用更残暴的手段杀死对手。某次，当获胜的角斗士犹豫是否要杀掉被其击败的对手时，康茂德怒不可遏，下令将所有的角斗士都铐起来，让他们互相残杀，直至无人生还。

还有一次，康茂德下令将城中所有因疾病或意外而失去

上页下图　角斗士们来到皇帝的包厢向他致意，这是赛前游行仪式的一部分。

跨页图　康茂德曾数次作为角斗士出现在罗马斗兽场上，图中的他正在参加某次赛前的庞帕仪式（罗马比赛演出前均会举行的一种宗教仪式）。

一只脚的人集合起来，带到竞技场。他们的膝盖处被缠上绳子，连接起来，绑成巨蟒的样子。他们遵从指令将海绵掷向康茂德。而康茂德则打扮成赫拉克勒斯，用手杖将这些人打死，这项表演被称为"屠杀巨兽"。

每次康茂德举办的活动结束后，人们都必须高喊："陛下是主宰万物的上帝，是最幸运的人。陛下是万人之上的佼佼者，是刚强的战士，胜利永远属于您！"但后来人们都因害怕而不敢参加皇帝举办的活动了。不久后，但凡康茂德走出

宫殿四处游荡，人们就时刻面临生命危险。有段时间，谣传康茂德准备射杀几名观众来重演赫拉克勒斯的第六项试炼——杀死斯廷法罗斯湖的怪鸟，因此许多人都不敢靠近竞技场。不过没人相信康茂德能完成这场演出，尤其是那些一直担心自己小命不保的元老。卡西乌斯·狄奥就是其中之一，他讲述了一次十分惊险的经历："他的所作所为足以让我们这些元老有理由寻死。他杀了一只鸵鸟，割下它的头，朝我们坐的地方走来，他左手拿着鸵鸟头，右手拿着血淋淋的剑；他一语不发，笑着摆了摆头，以此暗示他会以同样的方式对待我们。许多人因为嘲笑了他（我们想笑的冲动胜过了心中的义愤）而被他当场杀死，我从花环上摘了几片月桂叶放进嘴里咀

下图　康茂德会用弓箭射杀鸵鸟一类的无害食草动物，还会投掷长矛猎杀熊等更为凶猛的野兽。

下页图　艺术家费尔南德·佩雷兹（Fernand Pelez）作品《康茂德皇帝之死》（*The Death of the Emperor Commodus*）。康茂德的情妇玛西娅躲在暗处看着康茂德被刺杀。她曾恳求皇帝放弃以角斗士的身份举行占卜就职典礼的计划，结果康茂德下令将她处死。

嚼，并说服坐在身旁的人也照做，这样上肢规律的运动就可以掩盖我们偷笑的事实。"

最终，康茂德与众多罗马暴君殊途同归。康茂德宣布他将于193年扮演成追击角斗士，在角斗士所住的隔间里举行占卜就职典礼仪式，这一行为使得他最终被杀害。他的情妇玛西娅曾试图劝他放弃这个想法，但康茂德却下令将她处死。得知自己被判了死刑后，玛西娅和禁卫军将领密谋联手毒杀康茂德。计划失败后，他们又雇了一名摔跤手在皇帝洗澡时勒死了他。随后元老院宣布康茂德为国家公敌，下令拆除他的雕像，这座城市的名字恢复为罗马。

分类

罗马共和国时期的角斗士以被罗马军团击败的部落战士为原型。看着竞技场上这些被征服者的武器和盔甲，公众便会想起罗马在对外战争中的伟大胜利。随着时间的推移，这些角斗士才逐渐演变成我们今天在比赛中看到的角斗士。

跨页图　人们普遍认为，角斗士在赛前会高呼"恺撒万岁，将死之人向您致敬"来向皇帝致意，但这其实是一大误解，据考证这种情况只在克劳狄统治时期发生过一次。

右图　3世纪的古罗马角斗士赤陶雕像。

　　我们目前所知的有关角斗士外貌、装备和战斗方式的信息，大多来源于1—3世纪的罗马帝国。奥古斯都最先将角斗赛组织化、结构化，并对角斗士进行了系统的分类。帝国角斗士严格按照分类进行比赛，同士兵一样，角斗士也被分为不同的"兵种"——不同种类的角斗士配备不同的武器，他们在竞技场上的对手通常也是指定类型的角斗士。

　　罗马共和国时期，丧亲悲痛的富裕家庭会举行丧葬角斗，而角斗赛的法典化趋势使得此项比赛从丧葬角斗中分离出来。与之后的历代王朝不同，罗马共和国初期的丧葬角斗几乎没有书面记载。我们关于丧葬角斗的大部分认知来自在坎帕尼亚的帕埃斯图姆出土的公元前4世纪的古墓壁画。此壁画是最早的有关角斗士的图像资料。这些壁画描绘了一对一的角斗场面，有的人赤身裸体，还有的围着缠腰布身穿短袍。画中的角斗士手持长矛、骑枪和古希腊重步兵使用的大型圆盾。大致可以推断出他们所戴的希腊式头盔是由青铜制成的。

另一个关于丧葬角斗和角斗士的图像证据来自罗马共和国晚期。在该时期的浮雕中,一方的角斗士赤身裸体,而另一方身围缠腰布,用宽大的青铜腰带将其固定。这些角斗士都戴着希腊式头盔,这类头盔与当时罗马军团士兵戴的头盔一样都有弧形帽檐。其中一些角斗士身穿一种有填充物的袖套式护臂和一种用带子系在背后的长方形胸甲作为防护。画面中还能看出角斗士穿有胫甲。帕埃斯图姆壁画中所绘的骑枪和长矛后被罗马军团士兵所用的短剑——西班牙剑取代。

主要的角斗士类型

罗马军队在与周边邻国的战争中大获全胜,共和时代后期的三种角斗士——萨莫奈角斗士(*samnis*)、高卢角斗士(*gallus*)以及色雷斯角斗士由此诞生。从这时起,萨莫奈角斗士便成了文学作品中最常出现的角斗士类型。萨莫奈人的部落最初分布于意大利坎帕尼亚,公元前3世纪到4世纪,萨莫奈人与罗马人之间战事频仍。因此在坎帕尼亚这一罗马角斗中心地区举行的早期丧葬角斗中,参赛的角斗士以萨莫奈战士为原型也就不足为奇了。为了提升观感,萨莫奈角斗士在萨莫奈战士原始装备的基础上添加了一些装饰,他们手持矩形大盾牌,手握一把50厘米的短剑,身上扎一条宽皮带,头戴饰有羽毛的头盔,一条腿上穿着胫甲。到了罗马帝国早期,萨莫奈角斗士就逐渐从人们的视野中消失了,取而代之的是与其装备相似的重步兵角斗士(*hoplomachus*)和追击角斗士。

上页下图　插图中画着各类角斗士。最初的角斗士以被征服民族的战士为原型，例如萨莫奈角斗士的原型就是萨莫奈战士。

左图　这幅大理石浮雕上刻的是色雷斯骑士。

　　高卢的多个部落最终也迎来了同萨莫奈一样的命运，高卢战士后来成为高卢角斗士的原型，色雷斯战士也衍生出了色雷斯角斗士。据推测，在受训的角斗士熟练掌握其武器和战斗方式之前，高卢战俘和色雷斯战俘会被迫在竞技场上角斗。共和时期关于高卢角斗士的记载，此类角斗士很可能演变为后来的鱼盔角斗士。根据资料推测，高卢角斗士使用矩形大盾牌和剑进行战斗，他们戴头盔、穿胫甲。

　　罗马征服色雷斯人并使色雷斯——今保加利亚及罗马尼亚、希腊、土耳其等部分地区——成为其永久附庸国后的第一个世纪，色雷斯角斗士登上了竞技场的舞台。与萨莫奈角斗士和高卢角斗士不同，色雷斯角斗士在共和时期之后仍是深受观众喜爱的角斗士类型——此类角斗士的存在贯穿整个帝国时代，直至罗马灭亡。

　　尽管在角斗历史中，色雷斯人保留了自己种族的名字，但大多数共和时期的角斗士在帝国时代都更名改姓了，许多角斗士被赋予了毫无文化内涵的新名字。罗马人认为，称呼角斗士时不能总提及新征服族群的名字，否则可能会对民族融合产生不利影响。因此被征服民族的战士——或以其为原型的角斗士——在竞技场上经过一段时间的展示后，帝国便会以同化的名义为其更名。在奥古斯都时代，高卢和萨莫奈这样的民族完全不会被当作外族，因为他们很早就被罗马征服，之后的世代子孙都是罗马公民。

帝国时代是我们能了解到最多有关罗马角斗士的种类、武器和甲胄信息的历史时期。值得一提的是，大部分装备在 18 世纪从庞贝城被发掘出来时都完好无损。当时的角斗士被划分为不同的类型，下文将介绍帝国时代最受喜爱的几类角斗士。

激怒角斗士

激怒角斗士（*provocator*）出现于罗马共和国时期，贯穿了整个帝国时代。最早提到激怒角斗士的是共和派演说家西塞罗，他在一场演说中抨击了包括萨莫奈角斗士和骑兵角斗士（*eques*）在内的多种角斗士。激怒角斗士在罗马历史中存在了数百年之久，他们的身影出现在数幅浮雕中，其中大部分浮雕作品可追溯到帝国时期。从浮雕中可以看出，激怒角斗士的头盔在罗马帝国后期经过改良，但盔甲基本上没有变化。由于其盔甲的重量只有 15 千克，激怒角斗士被归为中型武装角斗士。

激怒角斗士身着厚重的缠腰布，腰间扎一条宽大的金属腰带，穿一只及膝胫甲，戴一条裹住手臂及剑把的护臂。这类角斗士的特征是使用护心胸甲护住胸部。护心胸甲由一块坚固的矩形金属制成，有的激怒角斗士也使用圆形胸甲，偶尔也穿用金属板制成的胸甲。有些护心胸甲上饰有神话中的动物图案。胸甲通常在背后用皮带固定。激怒角斗士的防御武器是一块中等大小的长方形盾牌，进攻武器为直刃短剑。

激怒角斗士装备中最有意思的是头盔。在一块奥古斯

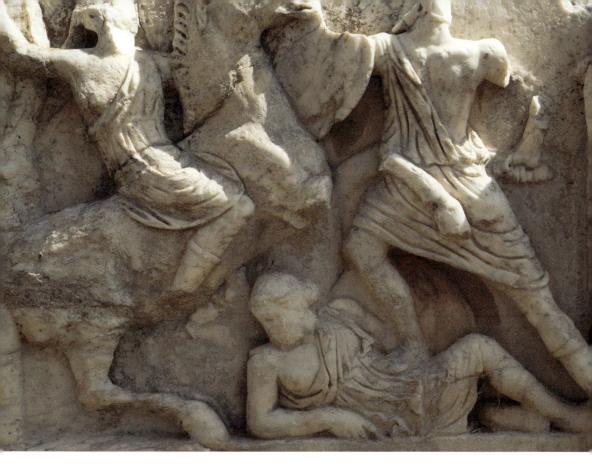

都时期的浮雕上可以看到，两位决斗中的激怒角斗士头戴帝国盔。帝国盔兼具罗马特色和凯尔特风格，是共和时代后期专门为军团士兵设计的头盔。

通过头盔两侧的羽毛装饰可以看出，此头盔的设计深受罗马文化影响，因为在早期共和时代罗马就有以这种方式装饰物品的传统。帝国时期的头盔没有侧羽，改良后的头盔装有圆形点格护目面甲。头盔帽檐的角度更低，长度更长，整体呈流线型，能更好地保护角斗士的颈部。

骑兵角斗士

从共和时期到帝国时代都能看到骑兵角斗士的身影，他们既没有改换装备，也没有更名换姓。虽然根据资料描述，骑兵角斗士骑马战斗，但在共和时期的浮雕作品中他们通常手持利剑在地面上战斗。比赛伊始，骑兵角斗士身骑白马，手持长矛或骑枪进入竞技场，之后他们就算不主动下马也会在比赛中被打下马。

同激怒角斗士一样，骑兵角斗士只与同类型的角斗士对战，因此骑兵角斗士之间的战斗与中世纪的马上枪术比赛无异。骑兵角斗士戴的无帽檐头盔两侧通常饰有羽毛，他们手中的中型圆盾与共和时期骑手所用的相同。

赛场上的激怒角斗士

激怒角斗士通常只与同类型的角斗士对战。激怒角斗士属于中型武装角斗士，两名激怒角斗士之间的较量耗时较短，紧张刺激。激怒角斗士身手敏捷，战斗时移动迅速，反击速度更可谓风驰电掣。他们赤足作战，这能让他们的行动更加轻盈敏捷，还能让他们在沙地上滑行从而接近或躲避对手。赤脚还能使激怒角斗士察觉到地上的网或暗门等陷阱。

激怒角斗士使用盾牌进行防御和攻击。盾牌由橡木制成，用铁加固，盾牌中央的手柄和前端的金属圆顶可用于撞击敌人，从而解除其武装或将其击倒。帝国时期激怒角斗士护盾的顶部及底部通常有锋利的金属包边，这样的盾牌宛如一把锋利的刀，可以在对手倒地后砍下他的头或脚。

帝国后期经过改良的激怒角斗士头盔能给角斗士的头部及颈部全方位的保护。但这也在很大程度上遮挡了激怒角斗士的视野，同时还会使其呼吸困难。激怒角斗士之间的较量十分消耗体力，头盔会很快变得闷热，让人满头大汗。头盔面甲上细密的孔眼遮挡了激怒角斗士的视线，因此他必须聚精会神，目光一刻也不能离开对手。激怒角斗士在战斗中通常缓步前进，并将盾牌正对敌人。他们会用盾牌遮挡住部分剑身，迅速刺击对手后将手缩回盾牌后。对于角斗士来说，刺中对手的大动脉或主要器官周围约半英寸之处就成功了，因此他们更喜欢精准刺击而非乱砍乱劈。也是由于这个原因，中世纪后期骑士运用的格挡术和猛击术在角斗士比赛中很少见。

上图　激怒角斗士头戴帽檐向下弯曲的头盔以护住颈部。

骑兵角斗士不戴胫甲，有时用皮革裹护腿部。从早期的浮雕中可以看出，骑兵角斗士身穿鳞甲状短衣。后来此类短衣被颜色鲜亮的短袍取代，角斗士身着不同颜色的短袍有助于观众分辨。骑兵角斗士穿戴着厚厚的护臂，手持一支长约2.5 米的长矛。因为地面战斗中长矛派不上用场，骑兵角斗士通常会用中等长度的罗马战剑（罗马军团士兵也用此剑）作为武器。骑兵角斗士的盔甲重量不超过 12 千克，因此被归为轻型武装角斗士。

色雷斯角斗士

色雷斯角斗士是罗马最受欢迎的角斗士之一。罗马帝国时期的色雷斯角斗士以共和时期的色雷斯战俘为原型，但其外形却与色雷斯战士鲜有相似之处。色雷斯角斗士使用的装备与重步兵角斗士相似，因此这两类角斗士常被观众认错。

色雷斯角斗士使用的中型矩形盾是其区别于重步兵角斗士的标志。这种名为"帕莫拉"（*parmula*）的盾牌由木头制成，表面覆有皮革，边缘用金属加固。虽然其外形别出心裁，但却无法有效保护色雷斯角斗士的下肢。因此色雷斯角斗士会用衬垫裹住腿部，再穿上较长的胫甲，并在

下图　这幅 17 世纪的画作描绘了角斗士和士兵列队行进的盛况。

上图　插图上画着两个鱼盔角斗士，此画描绘了角斗士在赛场上如何一击致命，让对手失去战斗力。

下页图　角斗士同罗马军团士兵接受的训练一样，在战斗中他们会攻击对手的要害部位。

惯用臂上戴有填充物的护臂袖套来加强防御。

　　色雷斯角斗士的盔甲中识别度最高的是带檐头盔，上面饰有狮鹫形状的纹饰。狮鹫是一种神话中的生物，有着狮子的身体，鹰的头和翅膀。希腊神话中为复仇女神涅墨西斯拉车的就是狮鹫。色雷斯角斗士的狮鹫冠上还饰有鲜艳的羽毛盔缨，有时头盔两侧也会各绑一根羽毛。

　　色雷斯角斗士的主要武器是剑梢弯曲的西卡剑（*sica*），几百年间西卡剑剑梢的曲度不断变化。由于盔甲重达18千克，色雷斯角斗士被归为重型武装角斗士，在赛场上与色雷斯角斗士对战的通常是与其装备相似的鱼盔角斗士。

鱼盔角斗士

　　鱼盔角斗士的前身是高卢角斗士，随着高卢人逐渐融入罗马社会，到了罗马帝国时期，高卢角斗士更名为鱼盔角斗

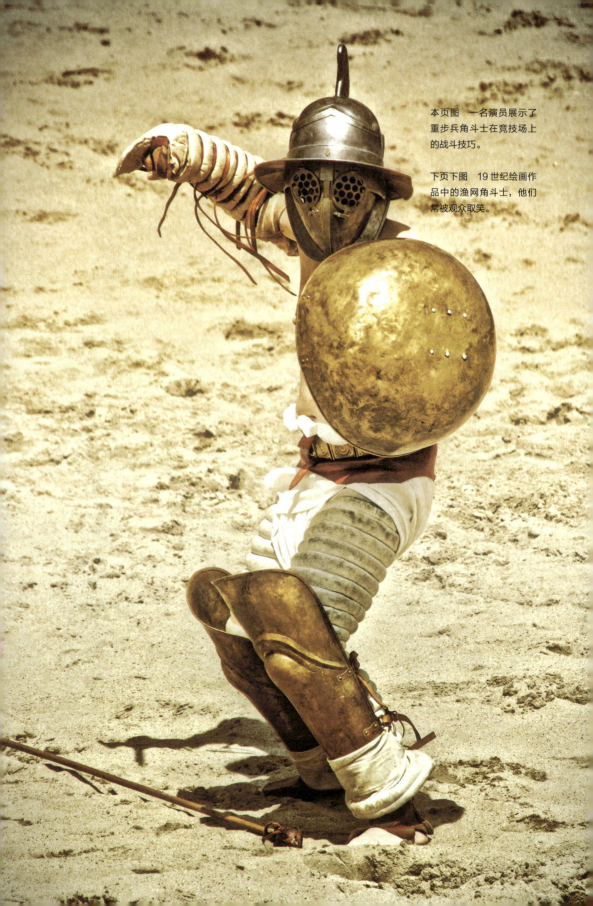

本页图 一名演员展示了重步兵角斗士在竞技场上的战斗技巧。

下页下图 19世纪绘画作品中的渔网角斗士，他们常被观众取笑。

士。鱼盔角斗士的拉丁文"*murmillo*"意为"海鱼",此类角斗士的头盔帽檐较宽且带有面甲,头盔的顶冠形似鱼的背鳍且饰有羽毛,两侧也常各绑一根羽毛。大多数鱼盔角斗士的头盔由青铜制成,但也有一些头盔外层会采用包钢工艺来模仿鱼鳞的质感。

　　赛场上的鱼盔角斗士戴着头盔,长长的缠腰布折叠起来围在腰间,并用一条装饰过的宽腰带加以固定,持剑之手戴着内含填充物的护臂,腿部用厚重的包裹物缠绕,一条腿穿及膝胫甲,除此之外身上没有其他任何盔甲保护。与色雷斯角斗士不同,鱼盔角斗士和罗马帝国军团的士兵一样,使用高约1米的大矩形盾作为防御武器。罗马战剑是鱼盔角斗士唯一的进攻武器,他们有时会用绳子将剑系在身上以便随时将其收回。

下图　一旦被渔网角斗士的网缚住，对手就无计可施了，他们只盼能保住性命从此退役。

由于武器和盔甲总重量达 18 千克——厚重的盾牌占了大部分重量——鱼盔角斗士被归为重型武装角斗士。竞技场上最常与鱼盔角斗士对战的是与其装备相似的色雷斯角斗士或重步兵角斗士。众所周知，图密善皇帝最青睐鱼盔角斗士，只要鱼盔角斗士在赛场上受到观众批评，图密善便会怒不可遏。苏维托尼乌斯讲述了这样一个故事：

> 某个公民是一家之长，他说色雷斯角斗士与鱼盔角斗士势均力敌，但却打不过比赛的主持人，于是图密善命人把他从看台上拖下来扔到赛场上喂狗，还在他脖子上挂着这样一个牌子："小盾剑客，胡言乱语"。

> ——《罗马十二帝王传》，苏维托尼乌斯著，汤姆森、福雷斯特译

重步兵角斗士

重步兵角斗士同样深受观众喜爱，其原型是希腊重步兵。重步兵角斗士与色雷斯角斗士使用的武器和佩戴的盔甲大多相同，因此二者常被混淆。这两种角斗士都穿有填充夹层的裹腿、佩戴护腿以及外形相似的面甲头盔。但重步兵角斗士与色雷斯角斗士的装扮不尽相同，一般的护腿通常只到膝盖上方，而重步兵角斗士所穿的绗缝裤或充填夹层的裹腿从脚部一直延伸到缠腰布以下。这种厚重的护腿是为了弥补凸面小圆盾防御不足的缺陷。重步兵角斗士的凸面圆盾通常由青铜制成，形似希腊重步兵所用的盾牌。圆盾尺寸极小，所以重步兵角斗士可以用持盾的手拿一把匕首，另一只手持长矛进攻；或一手持长矛，另一只手用盾防御。重步兵角斗士与色雷斯角斗士及其他大多数种类的角斗士一样，上身躯干无盔甲保护，赤膊上阵。

尽管重步兵角斗士在罗马帝国西部地区很受欢迎，但在东部地区却不受待见。这或许是因为重步兵角斗士与希腊重步兵外形相似，对于那些曾属古希腊文明的国家来说这是一种莫大的羞辱。

赛场上的渔网角斗士

　　渔网角斗士的命运往往取决于其对网的运用。理想状态下，渔网角斗士在比赛开始后几秒内便可撒网缚住对手并终结比赛。然而网一旦抛出就难以收回，没有盔甲护体的渔网角斗士只能靠一把三叉戟和匕首抵挡敌人的进攻。渔网角斗士的杀手锏就是网，他们在角斗士学校里会花大量时间学习掷网技巧。最好的进攻方式是将网叠好拿在手中，然后从下手位抛网。此技巧需要迅速转动手腕，从而使网沿弧形轨迹撒向空中并在飞向对手时自旋。网的自旋运动使其在飞行过程中能保持伸展状态，不论碰到任何物体都能将其缠住。从距离对手约 2 米处投掷能最大限度发挥网的束缚作用，但据记载，渔网角斗士有时也会在近战时掷网，撒网时他们会抓住网的一角以便将其收回。对手一旦陷入渔网角斗士的网，除了向观众乞求怜悯外别无其他保命方法。

　　倘若失去了网，渔网角斗士想要取胜就只能用三叉戟拼死一搏。渔网角斗士会用戟刺击对手的腿、躯干和头部，或双手握戟连续猛刺。不同于渔夫所用的鱼钩，三叉戟的叉齿没有倒钩，易于插入肉中且拔出时也毫不受阻。但刺击对手并非渔网角斗士的唯一目标——倘若渔网角斗士能用三叉戟勾掉对手的头盔或盾牌，那么双方就势均力敌了。三叉戟的最后一个用途是绊倒对手。一旦对手倒下，渔网角斗士便可用匕首（*pugio*）将其杀死，或者等待观众裁决其生死。

下图　一旦被渔网角斗士的网缚住，对手就无计可施了，他们只盼能保住性命从此退役。

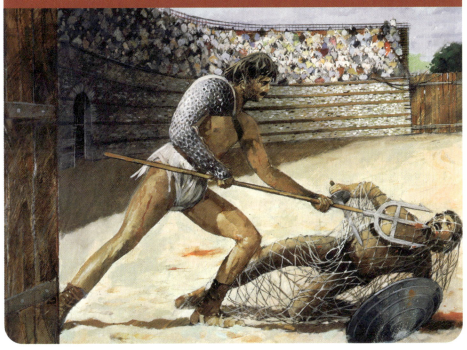

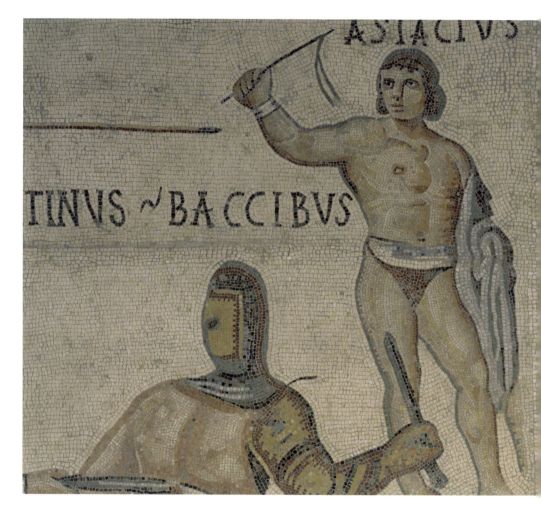

渔网角斗士

渔网角斗士是外形特征最明显的一类角斗士，他们用网作战。渔网角斗士一只手臂上佩戴金属护肩（*galerus*），手持三叉戟，携带短匕首，不拿盾牌也不戴头盔。

渔网角斗士在 1 世纪中叶以后才登上竞技场的舞台。渔网角斗士的起源不同于其他种类的角斗士，虽然从装备能明显看出渔网角斗士的灵感来自海洋，但有关其来源的信息却很少。直到角斗赛退出历史舞台，渔网角斗士一直都是赛场上的"台柱子"。

渔网角斗士的出现预示着角斗赛的历史翻开了新篇章，自此，武器装备不同的角斗士也能进行对决了。以往只有武器装备相近的角斗士才能对战，但从 1 世纪晚期开始，

跨页图　这是一幅4世纪的镶嵌画，19世纪出土于罗马附近的贝佳斯庄园。

"某次比赛中，五个穿便服的渔网角斗士在对战五个追击角斗士时不战而降；但当卡利古拉下令将他们处死时，其中一个渔网角斗士拿起三叉戟，刺死了所有获胜者。"

——苏维托尼乌斯

鱼盔角斗士就可能会与渔网角斗士对战了。角斗比赛从此愈发变幻莫测，结局难料。

　　想要对抗全副武装的对手，渔网角斗士得轻盈敏捷。他们通常赤膊上阵，身上仅裹缠腰布，有时着短衫。他们会先用衬垫将一条腿裹住再穿胫甲。渔网角斗士所戴的护臂一直延伸到肩部用护肩盖住。护肩由一块重1.2千克的青铜板制成，将渔网角斗士的二头肌包裹在内，边缘自肩膀处向外翻翘。这样的设计使护肩起到了盾的作用，渔网角斗士可以把头藏在护肩后抵挡进攻。罗马帝国东部行省的渔网角斗士有时会用链甲护臂代替护肩，此类护臂能盖住部分胸膛。

　　在描绘渔网角斗士的图画中很少看到撒网的动作，这一点颇为奇怪。可能是因为艺术家觉得这样的场景太难描绘了。渔网角斗士使用的网依照规格制成，中心部位的网孔较大，用来缚住对手，外圈的网孔较小，可以阻挡敌人的武器进攻。边缘小而密的网孔能增加网的重量，使网在投掷过程中保持伸展状态，有时为了增强效果，网的边缘也会挂一些重物。一张直径约3米的网重量可达2~3千克。网在撒出之后很难收回，因此更像是一次性武器。

　　渔网角斗士的主要武器是三叉戟，此戟高达1.8米。顶部的三个叉齿不仅可以刺击对手，还可用于挑离对手的武器和盔甲。叉齿的硬度虽不足以刺穿金属盔甲，但却极细，能够刺入大多数头盔面甲的孔眼。

　　渔网角斗士的盔甲最重不超过8千克，其装备是所有角斗士中最轻的。渔网角斗士的对手通常是装束形似游鱼的追击角斗士，整场比赛看起来像是渔夫捕鱼。渔网角斗士和追击角斗士的对战有时会在水上进行，通常一名渔网角斗士站在拱桥上与两名追击角斗士打斗，站在桥上的渔网角斗士被称为拱桥斗士（pontarii）。比赛过程中，追击角斗士可以从桥的任意一端通过台阶爬上去攻击渔网角斗士。为了弥补对战双方在人数上的差异，比赛允许渔网角斗士用橙子大小的石球击打对手。据推测，此类比赛禁止追击角斗士回扔石球击打渔网角斗士。

短袍渔网角斗士

罗马公众对渔网角斗士的感情可谓爱恨交融。部分原因在于渔网角斗士不穿盔甲也不戴头盔，观众可以清楚地看到他们的面容。克劳狄皇帝钟爱渔网角斗士，他喜欢看角斗士死亡时的面部表情。但部分观众却因为渔网角斗士不戴头盔而十分厌恶他们。在这部分观众看来，遮挡面容的头盔有使角斗士成为"非人"的作用，地位低贱的角斗士只配戴着头盔出现。倘若摘掉头盔，观众不仅能认出角斗士的身份，而且那令克劳狄如痴如醉的死亡之颜也一览无余了。

一切人性化的东西都与竞技场格格不入，或许是因为它们有损比赛的观赏性。许多历史学家认为，渔网角斗士近乎全裸是因为他们被当作脆弱与阴柔的代表。这一点在只穿短袍的下层渔网角斗士群体中体现得更为明显。尤维纳利斯曾在诗中提到这些在竞技场上常被嘲笑的短袍渔网角斗士（retiarli tunicati）：

或许角斗士主人建立的管理体系都比你的要好，他将卑劣之人与体面之人分开，甚至身着短袍令人耻笑的渔网角斗士也要与其他渔网角斗士分开；不止在角斗士学校，甚至在监狱里短袍渔网角斗士都会被看作异类与其他人分开。

——《讽刺诗》第六首，尤维纳利斯著，G.G. 拉姆赛译

上页下图　这幅插图描绘了追击角斗士阿斯蒂亚纳克斯和渔网角斗士卡伦狄奥之间那场著名的对战。

上图　这幅1世纪的浅浮雕勾勒了角斗士在竞技场上的身姿。

虽然人们对渔网角斗士的感情复杂而矛盾，但他们仍备受喜爱。渔网角斗士在赛场上易于辨认且有特定的战斗风格，他们既不戴头盔也不穿盔甲，浑身散发着性感的魅力。庞贝城中就有讲述渔网角斗士克里斯柯轶事的涂鸦，说他是"网捞年轻女孩的夜行者"。无论罗马民众对渔网角斗士爱也好、恨也罢，罗马帝国灭亡前他们一直都是角斗赛场上的宠儿。

追击角斗士

追击角斗士由鱼盔角斗士和早期的萨莫奈角斗士演变而来，他们在赛场上的对手主要是渔网角斗士。追击角斗士的头盔与鱼盔角斗士和萨莫奈角斗士的有明显区别。追击角斗士的头盔外表光滑，开有小的眼孔，顶部有鳍状冠，整个头盔形似鱼头。头盔的流线型设计实际上是为了避免被渔网角斗士的网缠住。为抵御渔网角斗士的攻击，追击角斗士的头

下图　这幅浅浮雕上刻的是色雷斯角斗士、重步兵角斗士和鱼盔角斗士。

盔眼孔设计得极小，直径仅 3 厘米，三叉戟的叉齿很难刺进。但小眼孔也有缺点，追击角斗士的视线会因此受阻，头盔也不透气。戴着这样的头盔，追击角斗士很快就会感到闷热且呼吸困难，因此他们会尽可能速战速决。此外还有一个问题，追击角斗士和鱼盔角斗士一样，都使用与罗马军团士兵相似的大盾牌，唯一的武器就是短剑，再加上有限的视野，追击角斗士只得尽可能靠近对手，近距离作战。

相比之下，轻装上阵的渔网角斗士则会尽量拉开与追击角斗士之间的距离，他们更喜欢在距对手 2 米左右的地方撒网或用三叉戟攻击对手。这样一来，角斗赛就变成了追逐赛，到最后不是渔网角斗士被打到手无寸铁，就是追击角斗士被渔网角斗士抓住，再或者是双方都跑得上气不接下气，比赛只得终止。

康茂德常作为追击角斗士出现在竞技场上，狄奥记录了康茂德在赛场上的战斗情况：

（康茂德）像角斗士那样战斗。他身着追击角斗士的盔甲，

新颖赛事

遮目角斗士（*andabatae*）都是未在角斗士学校受过训练的罪犯，他们之间的对决只是用于助兴的喜剧节目。对战的两名遮目角斗士手持战剑，他们戴的头盔遮住了眼睛，只得盲目应战，直到某一方"幸运地"遭受了致命一击，比赛才算结束。观众会大喊方向或是其他有用的提示来帮助赛场上的遮目角斗士找到彼此。有时遮目角斗士会骑马对战，这种残酷的对决后来演变成了中世纪的马上枪术比赛。逗乐角斗士（*paegniarii*）则给观众带来了另一种新奇表演，他们的目的是在真正的角斗士入场前调动观众情绪。逗乐角斗士穿着小丑服模仿角斗士，他们的武器是角斗士训练中使用的木剑。逗乐角斗士大多是患有侏儒症或身有残疾、缺腿断臂的男人。猎杀野兽或与其搏斗的角斗士称为斗兽士和斗猎士。帝国时期的斗猎士身穿短袍，有时戴小型胸甲，徒步或骑马作战时使用长矛和弓箭。斗兽士类似于低阶版斗猎士，他们负责用鞭子和火把戏弄动物。斗猎士和斗兽士在竞技场上只与野兽搏斗，从不与人类角斗。

左图　在伦敦出土的1世纪的碗，上面刻的斗兽士身旁有一只猎豹和一只狮子。

并按照规定的方式进行赛前练习：他右手拿盾，左手持木剑，左利手令他引以为豪。

——《罗马史》，卡西乌斯·狄奥著，欧内斯特·卡里译

虽然康茂德英年早逝，但作为一名角斗士皇帝，他的遗产却永世留存。

其他类型角斗士

我们对其他类型的角斗士知之甚少。在数百年的罗马历史中，有些类型的角斗士仅以图画形式出现，缺少相应的文字信息，还有的仅有文字资料而缺少图片证据。

盔甲角斗士

据塔西佗所述，盔甲角斗士（*crupellarii*）浑身被甲胄包裹，一旦倒地就无法

再爬起来。但处于站立状态的盔甲角斗士几乎是无懈可击的。据塔西佗描述，军团士兵用斧头和尖嘴镐试图劈开盔甲角斗士的盔甲时，仿佛是在"敲击墙面"，而盔甲角斗士则"像死尸一般躺在地上，无意起身，任由砍劈"。

双剑角斗士

双剑角斗士（*dimachaerus*）在战斗中不使用盾牌，他们双手各持一剑，其中一把为曲剑。3世纪浮雕上刻的双剑角斗士穿着短胫甲，头戴带檐头盔，身着短袍。一些学者认为，双剑角斗士只与同类型的角斗士对战。

射手角斗士

射手角斗士身穿板甲，头戴尖盔，手持弓箭，骑马作战。这种复合弓射程极远，因此需采取特殊的安全措施来保护观众。射手角斗士通常不会与同类型的角斗士相斗，而是和其他类型的角斗士展开对决。

跨页图　这是一幅 1 世纪庞贝城墓碑上的大理石浮雕，描绘了庞帕仪式、野兽斗猎表演和角斗比赛的场景。

战车斗士

　　战车斗士只在帝国时期的文学作品中出现过，很少有图画记载。如今人们对这类角斗士的看法各不相同，但可以确定的是，战车斗士手持一面小圆盾和一支长矛，驾驶轻型战车作战。此类角斗士头戴饰有两片羽毛的无檐头盔，持武器之手戴护臂，腿部用充填夹层的裹腿包裹。

角斗士的装备

　　从盔甲和武器的变化可以看出罗马共和国末期到罗马帝国覆灭期间角斗士的演变。但我们现有的知识大部分来自帝国早期的发掘物。这些物品极具价值，根据其设计和所用材料，专家能更好地分析出它们在实际战斗中的用途。

　　1766—1767 年间，庞贝城出土了一批角斗士的武器。虽然当时简单且落后的考古方式导致许多物品损坏和遗失，但幸而一些重要文物被保存了下来。其中包括六只单腿胫甲，五组双腿胫甲，三个护肩，一个圆盾和各类匕首及长矛。但最大的发现当属十五个原貌尚存的角斗士头盔。

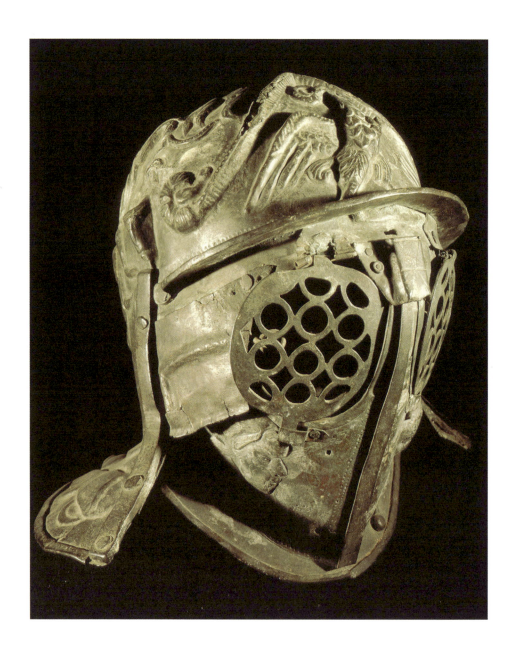

"追击角斗士之首；唯一一位曾十二次（据本人回忆）征
服千人的左利手战士。"

——康茂德雕像上的铭文

盔甲

上页图　在庞贝城出土的角斗士学校的文物中发现了一枚激怒角斗士青铜头盔。

庞贝城中出土的头盔完好无损，许多历史学家认为这些头盔并不是角斗士在赛场上的装备。专家指出，头盔上的浮雕装饰华丽，显然价格不菲，由此可以看出这些头盔仅供仪式使用。也有人认为，角斗士在列队游行时会佩戴这样的头盔，但在角斗时会换上更朴素且更坚硬的头盔。

但也有许多对立观点认为，头盔上繁密的装饰实际上给角斗士的头部增加了一层额外的防护。帝国角斗赛华丽盛大且耗资不菲，因此角斗士主人和主办方不太可能会舍不得这几个头盔钱。毕竟角斗士的头盔是最有特色也最为重要的装备。角斗士的装备中让人印象最深刻的就是头盔，观众可以通过头盔辨认角斗士的种类。头盔还给角斗士增添了一股杀气，使其更能吸引观众的眼球，与此同时头盔也隐藏了角斗士的真实身份。头盔的遮挡既防止了来自同一所学校的角斗士私下发生纷争，也让观众免于因看到角斗士痛苦的面容而难受。

庞贝城出土的头盔上几乎没有刻痕、缺口或其他有殊死决斗迹象的损伤。但这不但无法证明这些头盔没上过赛场，反而引发了我们对于角斗内涵的思考。无论是罗马角斗士还是罗马军团，其标志性装备都不是用于砍劈的重剑。

相比重剑，他们更常使用短剑刺击对手的要害。短剑显然无法刺穿盔甲，因此角斗士们不会把精力浪费在击打对手的头盔上。但他们可能会砍劈或戳刺对手的面甲，尤其是在其手持长矛或三叉戟时。

角斗士头盔的面甲周围极易受损。中世纪骑士所佩戴的面甲可以水平掀开或放下，但角斗士头盔的面甲与之不同，长度遮住颧骨的面甲垂直分为两半相连于面中，靠近前额和喉咙的地方分别用金属卡扣锁住垂直的肋条，从而将两半面甲固定住，再用皮带进行加固。面甲的铰链、卡扣和固定物是头盔上最脆弱的部件，也是攻击者的主要目标。一旦角斗士的头盔被损毁、打掉或是面甲被劈开，他裸露的头部就会成为敌人的靶子。

　　庞贝城出土的角斗士头盔重 3~7 千克，平均重量将近 4 千克，几乎是同时期罗马军团士兵头盔的两倍重。这多出的重量足以说明角斗士与军团士兵的生活方式大不相同。备战中的军团士兵会携带 25 千克左右的装备，行军途中会带更多。长途跋涉后通常要接着进行长达几个小时的战斗，让士兵全程戴着沉重的头盔显然不切实际。然而对于战斗时长通常只有 10~15 分钟的角斗士来说，这个重量可谓小菜一碟，不仅如此，他们还希望头盔能再重一些。头盔下通常会铺一层衬垫，这样不仅能缓冲对手的攻击，也能提高佩戴的舒适度。专家认为，这种衬垫可能直接粘在头盔内层，或者做成一个衬帽，角斗士在佩戴头盔前先将衬帽绑在头上。至今未发现此类衬垫的遗留实物。

护臂

　　角斗士的头部及颈部有头盔的全方位保护，身体其他部位也有不同的盔甲防护。大多数角斗士都赤膊上阵——除了激怒角斗士会穿胸甲，骑兵角斗士穿短袍——因此手臂的保护尤为重要。护臂由多层布料及皮革制成，专门用于手臂防御，帝国后期的护臂为金属材质。

护臂最初是为保护手部及肘部以下的手臂而设计，其灵感来源于拳击手套（*caestus*）。通过拇指和其余手指上的皮圈可以将护臂固定在手上，再用皮带将其系在手臂上。短款护臂重约 1 千克，穿戴后手臂仍可以全方位运动。在战斗过程中角斗士挥舞的手臂难免会撞到自己的盾牌，因此护臂在保护手臂免受剑伤的同时，也能帮助穿戴者避免此类撞击带来的伤害。

但持盾的手臂就不会有这样的问题，因此无需佩戴护臂。后来为适应渔网角斗士等角斗士的战斗需求，护臂的长度延伸至肩部，罗马帝国末期有时会用金属鳞甲和链甲代替传统材质的护臂。保护手臂是为了使角斗士免受剑伤。无论是敌人有意攻击还是无意错伤，手臂上的剑伤都会使角斗士因战斗力减弱而过早结束比赛。角斗士手臂肘部或膝盖周围的肌腱被对手切断就相当于失去了四肢。

胫甲

胫甲，或称护腿甲，源自古希腊重步兵所穿的胫甲。重步兵的胫甲能将整个小腿裹住，但罗马角斗士的胫甲只保护腿的正面及部分侧面。此类胫甲由整块青铜板制成且饰有浮雕。

角斗士胫甲的尺寸通常取决于其所持盾牌的长度。手持矩形大盾牌的角斗士，如鱼盔角斗士和追击角斗士，穿及膝胫甲；而持中小型盾牌的角斗士，如色雷斯角斗士和重步兵角斗士，则穿过膝胫甲。但也有例外，比如双剑角斗士在战斗中不拿盾牌，只穿长度不到膝盖的胫甲，这使得他的腿成了对手攻击的目标。同样令人惊讶的还有骑兵角斗士，他们将腿部裹住但却不用胫甲做进一步防护。这些用于裹腿的东西被称为箍带（*fasciae*），与护臂一样用充填衬芯的布料制成。不同种类角斗士的裹腿高度

上页上图 这幅 3 世纪的镶嵌画描绘了一位手持西卡剑的色雷斯角斗士。

下图 青铜胫甲用于保护小腿，有的胫甲高度超过膝盖。角斗士会先用衬垫裹住腿部再穿上胫甲以增强保护效果。

不尽相同，但须得保证缠腰布能将裹腿完全盖住。与护臂类似的裹腿也会穿在胫甲下用于衬垫。

　　缠腰布（*subligaculum*）严密而厚实，经多次折叠后系于腰间，呈倒三角形从腰部垂下，用宽约9厘米的粗皮带加以固定，皮带外部通常覆以青铜。

盾牌

　　鱼盔角斗士和追击角斗士使用的矩形大盾牌，其原型是罗马军团士兵使用的长盾。军团士兵的盾牌不断改良，角斗士的盾牌也随之变化。罗马共和国时期的盾牌为椭圆形，1世纪中期的盾牌则变成矩形且边缘锋利。

　　盾牌由三层木板制成，表面略有弧度，高100~120厘米，宽60~80厘米。盾牌中央另有一根竖直的木条，外部用青铜圆钮扣在木条中心处加以固定。盾牌外部铺有一层毛毡或皮革，盾牌边缘用青铜或铁进行加固。盾牌正面饰有浮雕或彩绘，总重量约为 8 千克。

重步兵角斗士和色雷斯角斗士使用的中小型盾牌分别重约 2 千克和 3 千克。在庞贝城出土的一面重步兵角斗士使用圆盾由整块青铜制成，直径为 37 厘米。色雷斯角斗士的矩形形盾构造与罗马长盾相同，尺寸约为 50 厘米 × 60 厘米。骑兵角斗士使用的小圆盾由压缩皮革制成，直径约为 50 厘米。

这种小型盾牌既可用于防御也可用于攻击。角斗士可以先用盾牌挡住敌人的攻击，然后再挥舞盾牌捶打对手进行反击。小盾牌上的金属圆钮的作用就像指节金属套，它能轻易地击碎对手的骨头或在其盔甲上砸出巨大的凹痕。

武器

根据资料描述，早期角斗士的主要武器为长矛，但到了罗马帝国时期，只有重步兵角斗士和战车斗士使用长矛。此类长矛长约 2 米，矛头最初为青铜材质，呈阔叶形。

自罗马共和国末期开始，角斗士的主要武器变成了罗马短剑。最初的短剑为钢质双刃剑，刀刃约 65 厘米长，5 厘米宽。公元前 1 世纪的短剑变为 50 厘米长、8 厘米宽。到了 1 世纪，短剑的尺寸变为 45 厘米长、6 厘米宽。剑柄通常为象牙材质，顶端有一个圆形木球。

庞贝城发掘出的角斗士战剑刀刃长度在 30 厘米到 40 厘米之间，很可能是渔网角斗士和重步兵角斗士所用的武器。相较之下，色雷斯角斗士使用的西卡剑更长，刀刃长约 60 厘米，曲角为 45 度。到了 3 世纪，罗马军团士兵的短剑被罗马长剑（*spatha*）取代，此类剑长 70 厘米，宽 8.5 厘米，直到帝国晚期也极受角斗士的青睐。

上页上图　两名演员重现了重步兵角斗士和色雷斯角斗士在竞技场上打斗的场景。

下图　庞贝城出土的重步兵角斗士的青铜盾牌。

角斗场地

自罗马共和国早期的第一次丧葬角斗赛登上历史舞台开始，此类比赛就被定性为公开演出。随着赛事规模逐渐扩大，比赛场面越来越奢华，兴建了许多专供角斗赛使用的竞技场。第一个竞技场建在角斗士的诞生地——坎帕尼亚。现存最古老的竞技场是坐落在庞贝城的竞技场，其历史可追溯到公元前70年左右，此竞技场是参考公元前1世纪罗马第一个竞技场建造的。这两个竞技场尚未修建的时候，罗马的丧葬角斗赛都是在屠牛市场和罗马广场举行的，为了满足不断增加的观众，现场不得不安置许多临时座位。

公元前1世纪新建的一座木制竞技场为角斗赛提供了专门场地，场内设有固定座席。最早一批竞技场中有一座是由贵族盖乌斯·斯克里伯尼乌斯·库里奥（Gaius Scribonius Curio）设计的，这座竞技场由两个可旋转的半圆形场地组成。当其分开时，两个场地可以分别举行不同的表演，经旋转合并后又能拼成一个完整的圆形竞技场。库里奥的这项发明已无遗迹残存，但可以确定的是，库里奥建此竞技场是出于讨好元老院这一政治目的。库里奥是恺撒的忠实拥护者，根据塔西佗的说法，他"位列这名独裁皇帝（恺撒）的心腹名单之上"。在恺撒与庞培的血腥内战中，他为前者浴血奋战，最终英勇牺牲。

恺撒在公元前46年建造了罗马第二座木制竞技场。此竞技场为椭圆形，内部一周设有座席，这里举办过罗马有史以来规模最大同时也是耗资最多的角斗赛。罗马第一座石质圆形剧场由提图斯·斯塔里乌斯·塔卢斯（Titus Statilius Taurus）于公元前29年建造，其他几座石质竞技场在帝国时期也相继建成。奥古斯都、卡利古拉和尼禄为了举办角斗赛都各自修建了竞技场，但它们都无法媲美罗马最大的竞技场：罗马斗兽场。

罗马斗兽场于80年竣工，它为2世纪的竞技场建设提供了蓝图。2世纪，罗马帝国殖民地周围众多竞技场拔地而起，法国里昂和西班牙梅里达几座著名的竞技场也诞生于这一时期。许多罗马殖民城镇不惜一切代价建造令人瞩目的竞技场，以此向皇帝表达崇拜与忠心。建造于法国阿尔勒的大型石质竞技场，其中心竞技场地

跨页图　1世纪的罗马短剑。

下图　法国阿尔勒的圆形剧场，始建于90年，可容纳约23000名观众。

尺寸为69米×38米，可容纳23000名观众。232年，今突尼斯埃尔·杰姆建造了一座能容纳40000人的竞技场。截至目前，已发现186处罗马帝国时期的竞技场遗迹，但那时修建的竞技场数量肯定远多于此。

　　较大的罗马竞技场地面的长轴长在60~80米之间，短轴长为30~50米。角斗赛本身并不需要这么大的场地，但对于斗兽表演和下午场比赛前的角斗士游行来说，这样的大型舞台必不可少。竞技场的地面通常铺有一层木质地板，上面再覆盖一层沙土。竞技场的地面之下长廊堀室错落交织，被称为地宫。

上图　这座 3 世纪建于古城蒂斯德鲁斯（今突尼斯埃尔·杰姆）的竞技场是北非最著名的罗马建筑。

下页上图　如今的罗马斗兽场地面早已消失，露出隐藏的地宫。

地宫宛如一个巨大的后台，这里放着演出道具，动物、角斗士以及待处决的人在入场前也都被安置于此。由绳索、滑轮和升降梯组成的运输装置载着地宫中的人和野兽穿过活板门进入竞技场。这意味着被绑在架子上的人可以像大变活人一般突然出现在竞技场中央，之后动物便会从四周地面的活板门中现身，随时准备发起进攻。此装置可将成片的树和灌木丛迅速抬升至竞技场中，这一舞台布景既可用于野兽斗猎表演，也可增强处决表演的戏剧性舞台效果。

有的圆形剧场地下部分被挖成盆地，蓄水后就成了水上舞台。若要举行猎杀鳄鱼或河马等水上活动只需将地板移开即可，位于意大利维罗纳的竞技场就是其中一例。水上舞台还会举行神话表演，类似于使用缩小版船只和战舰的微型海战表演。

为了避免打斗中的人或野兽误伤观众，竞技场需要采取一定的保护措施。大多数竞技场内都有一堵 4 米高的环形围墙将观众与舞台隔开。场内进行特殊表演时，围墙上还会增设高网以加强防护。高网主要用于阻挡大型猫科动物（虎、

狮、豹等），众所周知，这类动物弹跳能力极强，当其生命受到威胁时很可能会跃出围墙。斯巴达克斯起义之后，为避免再次发生类似暴乱，帝国加强了对角斗士的防范。角斗士和死刑犯在进入竞技场前会受到密切监视，竞技场周围也有军团士兵防卫驻守。有意思的是，罗马的战车竞技场和剧院里发生的暴力事件远比竞技场里的多。战车竞技场中敌对车队各自的支持者之间常发生冲突，剧院里的观众也总会因不满舞台剧内容而寻衅滋事。

在罗马帝国时期，并不是只有在竞技场才能举办角斗赛。高卢的角斗赛通常在半圆形建筑中举行，这种半圆形建筑更像剧院而非竞技场。在罗马东部的行省，角斗赛大多在普通的舞台剧场中举行。雅典的角斗赛大部分在卫城边的狄俄尼索斯剧场举行。为了避免暴戾的角斗士和凶猛的野兽误伤观众，这些场地在必要处都设有木墙和防护网。

在偏远的帝国边陲，竞技场通常建在罗马军事要塞的堡垒附近。这些竞技场被用于举行会议、开展游行和演习，也可作为角斗赛的赛场。在这里举办角斗赛是为了娱乐军团士兵，为远离罗马的他们一解乡愁。同时，士兵们在现实战争中可能会与死神交锋，举办角斗赛也是为了提醒他们，面对即将到来的战争要英勇无畏，不惧牺牲。

保卫边疆的罗马军团士兵宁愿放弃官位也要去古罗马最大的竞技场——罗马斗兽场——寻一个座位。

庞贝城流血事件

据记载，罗马竞技场中鲜少发生群众暴乱，但59年在庞贝城中却发生过一场意外。据塔西佗描述：

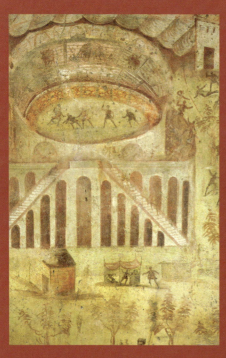

上图　这幅59年的壁画描绘了努凯里亚人和庞贝人之间的暴力冲突事件。

大概在同一时间，一件很小的事故引起了罗马的两个移民地努凯里亚和庞贝城之间的严重纠纷。这次事故发生在李维涅乌斯·列古路斯（Livineius Regulus）举办的一场剑斗比赛中。列古路斯被逐出元老院一事前文已述。在相互挪揄嘲弄的时候（这是外地城市中那些性情暴躁的公民的特性），他们对骂起来，继而互掷石块，最后竟拿起了武器。这场比赛是在庞贝城举行的，因此庞贝城的居民占了上风。结果一大批在打斗中负伤的努凯里亚人被抬到了罗马，不少亲属看到尸体后悲痛不已。皇帝把这一案件交由元老院处理，元老院又将其转交给执政官办理。最后这件案子再次交回元老院裁决，于是元老院下令，庞贝城的公民今后十年内禁止举办任何类似的集会，取缔城内所有非法团体。给予李维涅乌斯和其他煽动事端的人放逐处分。

——《编年史》，塔西佗著，阿尔弗雷德·丘尔基、威廉·布里德里布译

下页下图　在罗马时期，雅典的狄俄尼索斯剧院常被用来举办角斗赛。

罗马斗兽场

在尼禄的破坏性统治下，罗马已是满目疮痍。64年，一场大火将罗马市中心烧成了荒野，罗马城市重建工作和罗马帝国的统治都百废待兴。70年，韦帕芗皇帝开始建造弗莱文圆形剧场（*Amphitheatrum Flavium*）。弗莱文圆形剧场建在臭名昭著的"尼禄金殿"中一处人工湖原址上，它的结构设计给人以生机蓬勃、欣欣向荣之感，寓意着迎接罗马帝国的新

> "在相互揶揄嘲弄的时候，他们对骂起来，继而互掷石块，最后竟拿起了武器。"
>
> ——塔西佗

生。但讽刺的是，人们俗称的"罗马斗兽场[①]"这个名字竟是取自旁边尼禄的青铜雕像——尼禄巨像，即 *Colossus Neronis*。

为建造罗马斗兽场，数万名犹太战争中的战俘和奴隶将湖水排干，挖出了 3 万多吨泥土。坚实的岩石地基铸在距地面 4~12 米深的地方，从国外进口的 10 万多吨钙华岩被造成立柱和拱门，为竞技场搭出了整体框架，最后又用了 300 吨铁将其加固筑牢。建筑外层铺有一层大理石，高约 50 米的外墙上设有拱门，上面的几十座装饰雕像也都是用大理石雕刻而成，所用的大理石共有数千吨。

竣工后的罗马斗兽场堪称一个由拱门、石阶、座席、多立克柱和科林斯柱组成

---

① 原名弗莱文圆形剧场，后更名为 Colosseum，即罗马斗兽场，又译作科洛西姆竞技场。——译者注

的奇迹。整个斗兽场以椭圆形的竞技场地面为中心，呈七个同心环状向外延伸。竞技场地面铺有沙土，尺寸为 86 米 ×54 米，四周有一堵 4 米的高墙环绕，场内设有多排座席。据当时的资料显示，斗兽场中约有 87000 个座席，但据现今研究，其实际容纳人数在 50000 到 70000 之间。

罗马斗兽场中的座位按照阶级和等级划分。皇帝的包厢位于椭圆形竞技场的长边上，距离竞技场最近，主办方的包厢位于皇帝包厢的正对面。维斯塔贞女（Vestal Virgin，所有在场女性中，只有维斯塔贞女能够距离竞技场如此之近）和元老坐在这两间包厢旁的座席上。大多数元老都有自己的固定座席，面前设有铭牌。元老和维斯塔贞女后上方坐着骑士和高官政要，再上面坐的是罗马贵族和普通民众。接下来一层的座席是给罗马的贫民、奴隶以及外族人准备的。斗兽场顶层最后几排座席是留给女性的，包括元老和贵族的妻女及母亲。

女性观众的座席被安排在如此奇怪的位置，可能是为了抑制她们对角斗士按捺不住的渴望。那些有身份有地位的罗马贵族女性可能会被角斗士诱惑得不能自持。最常被提及的是一位名叫埃皮娅的元老妻子，她不惜放弃在罗马的舒适生活，追随

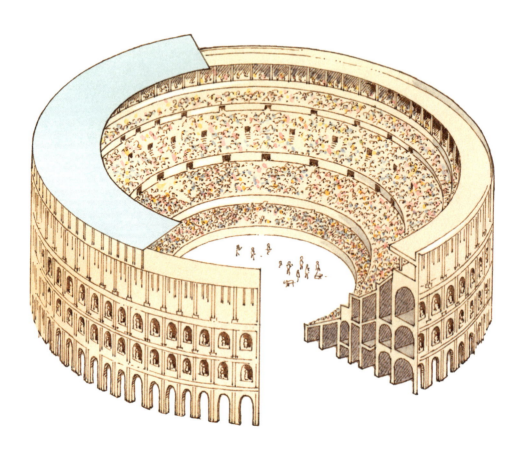

"提图斯一声令下，转眼间整个剧场就注满了水，马匹、公牛以及其他一些受过水中训练的动物也被带入了场内。"

——卡西乌斯·狄奥

上页下图　罗马斗兽场剖面图。顶部蓝色条带处装有为观众遮阳的天篷。

本页图　这幅维多利亚时期的作品描绘了罗马斗兽场里的小商贩。

"（提图斯）命人乘船入场，扮演科西拉人和柯林斯人
在场中展开海战。"

——卡西乌斯·狄奥

跨页图　灯光辉映下的古罗马
斗兽场遗址。

一名角斗士到了埃及巡演。但维斯塔贞女不同，她们誓守贞操，不会被激情冲昏头脑。违背誓言的代价太过惨重，因此贞女绝不会引火上身——背弃誓言的贞女会被锁进地牢，仅有的食物和水只够她们存活几天。

　　罗马斗兽场的地板和所有圆形剧场一样，都铺有一层厚沙盖住下面的地宫。在地宫建成之前（多米提安统治时期），提图斯曾在罗马斗兽场中举办过一场海战表演。卡西乌斯·狄奥这样描述此事：

　　提图斯一声令下，转眼间整个剧场就注满了水，马匹、公牛以及其他一些受过水中训练的动物也被带入了场内。他还命人乘船入场，扮演科西拉人和柯林斯人在场中展开海战。

　　——《罗马史》，卡西乌斯·狄奥著，欧内斯特·卡里译

　　这场大水冲掉了激烈角斗后留在竞技场上的痕迹。地宫建成后，天气炎热时竞技场中的气味令人难以忍受，只有从地宫的水箱里抽取香水，再用喷水装置洒到人群中才得以消除恶臭。

　　悬挂在大圆杆上的巨帆天篷可以为观众遮挡阳光。罗马水手受雇前来专门组装并升起遮阳天篷。虽然天篷遮不到最靠近竞技场的座席，但元老的座席都配有大型遮阳伞，为其提供凉爽的观赛环境。

　　在一次角斗赛上，卡利古拉命人撤掉遮阳天篷，强迫观众在炎炎烈日下暴晒。在接下来的比赛中，观众们一连几天都坐在烈日之下，苦不堪言。这一次，他们也体会到了一丝角斗士在竞技场上的身心皮肉之苦。

比赛

在罗马举办了几个世纪的角斗表演历程中，经过一次次的尝试、检验与改善，这个帝国游戏形成了一套固定的流程。长达一天的节目里充斥着血腥和杀戮，首先是早晨的动物表演，午餐时间则用来当众处决罪犯与国家公敌，但最大的噱头则保留至下午出演：角斗士的战斗。

比赛在像罗马斗兽场这样巨大的露天圆形竞技场举行，通常会持续数天甚至数周。这样的比赛需要特别的赛前准备与组织。和壮观的比赛一样，准备工作也要遵循一定的流程。

首先，比赛的主办方（editor）会同角斗士的主人（lanista）确定对方要参赛的角斗士类型和数量。并将这一活动信息广而告之。而后宣传员会在市场里、竞技场上，或是戏剧演出的现场介绍此次表演的细节。被称为"表演告示"（edicta muneris）的书面广告会被张贴在城墙上、大门上甚至其他公共区域。告示通常由专业的墙画艺术家精心设计，用红色颜料绘制。每一幅墙报都会宣告该场比赛是为纪念何事或何人而办（通常是为了皇帝），以及主办方的姓名，参与比赛的角斗士数量，角斗士所属的角斗士之家。再往下会提及其他娱乐项目的细节（比如野兽斗猎、体育比赛和处决表演）；为让观众有舒适的体验，比赛会有配套的服务（比如提供遮阳篷或喷洒香水）；最后才是表演的地点、时间和持续时长。庞贝城的城墙上还保存着数十处表演告示，其中包括下面这则在 50 年发布的告示：

> 二十对角斗士属于德奇姆斯·卢克莱提乌斯·萨特里乌斯·瓦伦斯，皇帝之子尼禄·恺撒的终身祭司；另有二十对角斗士属于他的儿子，德奇姆斯·卢克莱提乌斯·瓦伦斯。双方将于四月十三的前六天至前两天在庞贝城决斗。
> ——庞贝的表演告示 CIL IV.3884

跨页图　这幅创作于 19 世纪的插画展示了庞贝城在竞技场举行的早间斗猎表演（venatio）。

右图　这一幅浅浮雕展示的是一位将自己称作阿波罗尼乌斯的渔网角斗士。

"营造官奥卢斯·苏埃提乌斯·西利乌斯的角斗士家族将在五月最后一天在庞贝城出战。届时还会有斗猎表演，其间（会为观众）提供遮阳篷。"

——表演告示 *CIL 4.1189*

在表演开始前的一两天，主办方会让角斗士在诸如市场之类的公共场所游行。之后会在比赛前一天晚上举办"自由晚宴"（*cena libera*）。这不过是换一种方式将角斗士展示给第二天要观战的观众。他们认为在去竞技场接受自己的命运前享用最后的盛宴，是每一位角斗士、斗兽士和死刑犯的权利。聪明的角斗士在面对这些与他们日常所食糟糠截然不同的珍馐美味时，并不会大快朵颐。因为他们知道这通常会在决斗前引发意外的肠胃问题。经验丰富的角斗士反而会趁机与爱人亲友道别，为身后事做最后的安排。

在自由晚宴上会提供表演传单（*libellus munerarius*），这是一种更具体的节目单，会详细介绍第二天的各种活动。节目单上会列出角斗士的组队名单和出场顺序。通常每一位角斗士都会起一个艺名，例如"赫尔墨斯，冥界之神"，又如"烈焰，燃烧之火"。表演传单上还会列出该角斗士迄今为止的战绩和胜率。角斗士对阵的组合由主办方在角斗士主人和教练的协助下安排。安排对阵是一项重要任务，要将实力不相上下的两个角斗士放在一组，比赛才不至于一锤定胜负，才能为观众带来有趣的观感。不过，也有将角斗士新手和老手组队对抗的例子。

在一处铭文中记录有新手角斗士马库斯·阿提利乌斯一战成名的故事。阿提利乌斯是一位自由人，以鱼盔角斗士的身份作战，他在竞技场的首秀中打败了色雷斯

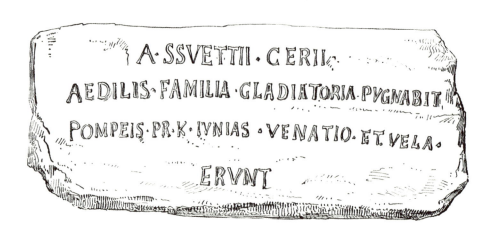

角斗士锡拉鲁斯。这是非常了不起的——锡拉鲁斯是一位经验丰富的战士，有过 13 次胜利的记录。阿提利乌斯在第二次出场时，又打败了另一位老将，一位叫卢修斯·雷西乌斯·菲力克斯的色雷斯角斗士，此人获得过 12 次胜利。值得一提的是，锡拉鲁斯和雷西乌斯在被阿提利乌斯打败后都获得了特赦，被允许以自由之身离开竞技场。

　　铭文和涂鸦提供了有关罗马表演的重要信息，但对于角斗士比赛的书面描述很少。像马提亚尔这样同时代的作家写了一些关于竞技场的描述，但这些描述大都是零散的，而且往往更多着墨于野兽斗猎，而不是角斗士的战斗。所以，我们对比赛的了解大多来自罗马房屋中遗留下来的壁画和镶嵌画。值得注意的是，利比亚的兹利坦镶嵌画和庞贝城发现的各种浮雕和壁画为此提供了丰富的信息。兹利坦位于古罗马小镇大雷普提斯

上页下图　编号 CIL 4.1189 的表演告示宣布将在庞贝城举办一场角斗表演。

上图　一幅 17 世纪的画上，没有佩带武器的角斗士准备在人群面前游行，这是庞帕仪式的一部分。

附近，这里发现的镶嵌画从头到尾描绘了整个表演的经过，包括中午的处决，角斗士的战斗，当然还有开启这一整天娱乐活动的野兽斗猎。

竞技场的动物

一天的比赛开启方式与如今的大型体育赛事大致相同。人群向竞技场涌去——成千上万的观众走进竞技场，带着零食、舒适的靠垫和许多时事八卦走向座位。如果活动设置在罗马斗兽场，就要穿过陡峭的楼梯和带廊檐的走道，才能进入露天竞技场里。竞技场内的座位设置反映了罗马的社会结构——贵族身着白色托加长袍在靠前的位置落座，在他们后上方的平民则身着五颜六色的及膝短袍。

早晨，人群沸沸扬扬的议论声与从地宫传来的可怖咆哮声混杂在一起。怒吼的大象、咆哮的狮子和嚎叫的狼在狭小的笼子里烦躁不安，声音中透露着绝望。对于那些坐在座位上等待表演的人群来说，这些声音十分助兴。

罗马人喜爱动物表演，这类表演首次出现在罗马共和国与迦太基作战的布匿战争时期。当时，罗马用大象等异域动物征服了外疆，并在都城内举办凯旋式时带它们游行。大批民众为了观看游行涌上街头，可随后便觉得只是看着这些动物走来走去十分乏味，于是首次野兽斗猎表演在马克西姆斯竞技场上演了。早期招募的斗猎士和较低级的斗兽士与角斗士来自同一个阶层——战俘、罪犯、奴隶和自愿加入的自由人。早期，这些斗猎士和斗兽士配备的装备与角斗士相同：胫甲、头盔、缠腰布和剑。到了罗马共和国晚期和罗马帝国早期，这些装备被简单的及膝短袍、裹腿和长矛所取代。

罗马共和国贵族和将军之间的明争暗斗，让越来越多的动物被引入罗马以供民众取乐。庞培举办的某场表演就屠杀了 600 头狮子、410 头豹子、20 头大象和第一只被带到首都的犀牛。奥古斯都吹嘘自己在各种表演中杀死过 3500 只动物。但与在他之后的罗马皇帝举办的比赛相比，也不过是小巫见大巫：在罗马斗兽场的开幕式上，提图斯屠杀了 9000 多头野兽；107 年，图拉真皇帝变本加厉，在庆祝他战胜达契亚的比赛中杀死了 11000 只动物。

　　随着罗马帝国的发展，异域动物的数量锐减，但罗马皇帝的做法比前任统治者有过之而无不及：他们用新兴手段屠杀动物，而不仅仅是靠增加动物数量来提高趣味性。这导致上午的表演三部曲发生了很大变化。通常来说第一个节目是斗兽表演，然后是马戏团表演，最后才是狩猎表演——这是高潮，象征着皇帝对自然的征服。

　　早晨的活动在竞技场进行，第一批动物通常经由沙地上的活板门被带入竞技场。在打开门闸之前，观众都不知道哪些动物会相互搏斗。观众最喜欢那种力量悬殊或者旗鼓相当的两两决斗。兹利坦的镶嵌画上展示了一头公牛与一头熊搏

上页上图　在利比亚的兹利坦附近的一栋滨海罗马别墅中，发现了 2 世纪的镶嵌画，其中一幅画描绘了各式各样的角斗比赛。

下图　3 世纪的"马格里乌斯镶嵌画"，发现于突尼斯的埃尔·杰姆附近的一幢庄园。画中有主办方马格里乌斯，以及戏剧制作人提供的猎人。

下图　这幅镶嵌画中，一名斗猎士用长矛刺向一头猎豹。

斗的场景。画中的两只动物用链子拴在一起，中间有一个赤身裸体的人用钩子把它们拉开。其他受欢迎的组合包括豹子与狮子、公牛与大象，还有水牛与犀牛的搏斗。马提亚尔描述了老虎与狮子之间的一场特殊搏斗：

> 一只母老虎，习惯地舔舐了她那毫无戒备心的饲养员的手，这只动物来自赫卡尼亚的群山之中，异常美丽，她被一头凶猛的狮子激怒了，泄愤似的用利牙撕咬着；这是一件怪事，这样的怪事历朝历代都未曾有过。她还住在森林深处时，从未经历过这种事；但因为她来到了人群中，就变得更加凶猛了。
>
> ——《隽语》，马提亚尔著，R. 皮尔斯译

　　主办方筹划着能让比赛胜负难料的组合方式，在此过程中他们发现，从遥远国度带回来的动物在被放入竞技场中时，它们的反应和实力也难以预测。在翻山越岭，漂洋过海后，这些

抓捕动物

　　从罗马最偏远的边境捕捉珍禽异兽的任务，大都落在驻扎在当地的军团身上。这些士兵成为特定野兽的狩猎专家后，就能从日常狩猎任务中解放出来。最简单的方法是在坑底放一个笼子，用树枝、叶子和一块诱饵盖住洞口，一旦有动物咬了诱饵掉进坑里，人就可以轻松地将已捕到猎物的笼子吊起来；或者用系在笼子里的活诱饵引诱动物走向笼子，一旦猎物上钩，猎人就骑着马从四面八方围上前来，将它赶进笼子。第三种方法是由骑在马上的猎人挥舞起燃烧的火把，高喊着把猎物驱赶到四面围网的围场里。还有一些令人费解且不知道是否实用的捕猎方法，比如在笼子里放一面镜子，引诱老虎进笼——据说老虎会把镜子里的自己当作幼崽，为了帮助"幼崽"出去而冒险进入牢笼。

　　这些不幸被捕获的动物随后经长途跋涉到达罗马。这通常要花上数月之久，成千上万的动物在旅途中因疾病和营养不良死去，另一些动物则是海难的受害者。也有动物从笼子里逃脱的例子，甚至曾有出逃的动物出现在罗马街头，政府为此还颁布了一项法令，向被出逃动物伤害的公民家属提供赔偿。

下图　一幅描绘斗猎场景的壁画中，两名躲在盾牌后的斗猎士试图吸引一头向他们进攻的狮子。

　　动物常常忍饥挨饿，一连几天被关在斗兽场下面。有些动物面对着成千上万张大吼大叫的面孔，会溜回笼子的角落里。然而，这些不情愿的参赛者最终还是会被侍从用燃烧的草把或冒烟的铁棒给赶出来。

　　还有些动物则在受激后变得十分愤怒，会攻击它们遇到的任何东西。罗马人喜欢犀牛，因为它们的行为难以捉摸，同时脾气暴躁、好斗。马提亚尔讲了一个故事，故事里一头看上去已经放弃战斗的犀牛再次恢复了斗志：

上图 利比亚的兹利坦的一幅镶嵌画上，一名赤身裸体的男子正将一头公牛和一头熊拉开。

下页图 一幅4世纪西西里岛的罗马纳卡萨莱别墅中的镶嵌画上，被捕获的野生动物正要前往罗马斗兽场。

最后，我们熟知的狂怒犀牛再次出现。只见它用角将一头大熊顶飞出去，就像一头公牛用头把假人撞飞到天空一样……他转动脖子顶起了犍牛，在他面前凶猛的水牛和野牛也要服输。一只黑豹见了他也要逃跑，宁愿一头撞到长矛上。

——《奇观》，马提亚尔著，T.R.格洛弗译

在野兽决斗结束后，主办方会安排一些轻松的娱乐项目。包括动物运动会和马戏表演，比如让大象在钢丝上跳舞和行走。然后是经过训练的捕食者模拟狩猎表演，比如老虎、豹子和熊，这些野兽在追到兔子等较小的动物后，会将它们毫发无伤地送到主人手中。

当参与马戏团表演的动物和训练员离开竞技场时，斗猎士们才策马入场。这是上午活动的高潮，也是观众的最爱。也是在此时，复杂的地宫机关才派上了大用场。首先，一片树丛和灌木丛会通过地面上的活板门从竞技场下方冒出来。然后一群不会伤人的食草动物，如鸵鸟、鹿和瞪羚等，会被放出来，在这片临时搭建的森林中狂奔。猎杀就此开始，

"它用角将一头大熊顶飞出去，就像一头公牛用头把假人撞飞到天空一样。"

——马提亚尔

斗猎士将这些动物追到筋疲力尽后，再用长矛和弓箭将其猎杀。

很快，竞技场的沙地上尸横遍野，鲜血漫延。活动会暂停片刻，竞技场的工人用长钩拖走动物尸体，再铺上新的沙子。即使一天的节目才刚刚开始，竞技场内就已经充斥着血液和内脏的难闻腥味。为了让观众更舒适，座位上方的喷嘴会喷洒出香水。竞技场中的动物尸骸被收拾干净后，狮子、黑豹和熊等大型野生动物就从笼中被放出来。更多的斗猎士加入追捕，他们拿着长矛、长剑，有时甚至两手空空地作战。有一种与公牛搏击的竞技表演特别危险。在这种表演中，斗牛士（*taurocentae*）会从马背上跳到公牛背上，把牛翻倒在地，然后勒死它们。

在罗马共和国时期，斗猎士的武装规格已经远远不及角斗士了，但步兵斗猎士和骑兵斗猎士都会手执长矛。这让他们占了优势，因为斗猎表演意在展现罗马对异域动物的统治，赢得决斗意义重大。角斗士比赛中的特赦令（免死令）也被用于野兽斗猎。身负重伤或筋疲力尽的斗猎士可以祈求观众的怜悯。如果现场观众同意，他的动物对手会被带走，他也能够活着离开竞技场。但如果大家不同意特赦，斗猎士就只能继续战斗。似乎是为了证明好运并不总是偏向人类这边，有时野兽也会获得特赦。就像经验丰富的角斗士可以因数次胜利而受嘉奖一样，"杀死"过几个斗

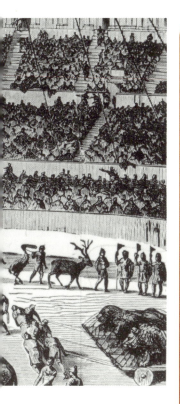

跨页图　19世纪晚期一幅描绘斗猎场景的法国版画。

皇帝狩猎

　　野兽斗猎象征着皇帝对自然的征服，因此罗马统治者都非常享受狩猎。康茂德过去常亲自进入竞技场狩猎，或者坐在皇帝专用的包厢里向外投掷长矛。皇帝想在野兽斗猎上搞出让人记忆深刻的花样。203年，塞普蒂米乌斯·塞维鲁亲自设计了一场狩猎活动来纪念他执政十周年。在这次活动中，竞技场中放置了一艘载有400只野生动物的船，船还被设计成遭受海难后解体那样。动物们从船身的破洞中倾巢而出，包括豹子、狮子、鸵鸟、熊和驴，接着它们被登上竞技场的骑马斗猎士追杀。猎杀这些动物的表演赢得了观众的热烈掌声。

　　还有一次，皇帝普罗布斯为了庆祝他281年在战场上的胜利，想要发明一种新的斗猎形式，他将竞技场装扮成森林，然后放出几千头食草动物，再猎杀它们，随后是数百头狮子和熊，但这一尝试没有达到预期效果。观众对这些动物显然没有感觉，认为它们的表现并不是他们想看到的样子：

　　所有动物都是从巢穴中出来就被猎杀，这样的死法不够壮观刺激。它们不像从笼中放出的野兽那样会突然冲出来，一次都没有。另外，有许多动物不愿意进攻，就直接被弓箭射死了。接下来普罗布斯放出了一百只来自利比亚的豹子，一百只来自叙利亚的豹子，然后同时放出一百只母狮和三百只熊；显然，这些野兽不仅增加了表演的观赏性，还壮大了演出规模。
　　　　　　　　　　——《罗马君王传：普罗布斯传》，
弗拉维乌斯·沃皮斯库斯著，大卫·马吉译

猎士的狮子或熊有时也可以在战败时免于一死，从而得以喘息，改天再战。虽然斗猎士不像角斗士那样饱受观众的赞扬与崇拜，但他们中的有些人很有人气，煊赫一时。卡波佛鲁斯就是这样一位斗猎士，马提亚尔将其比作神话中的英雄赫拉克勒斯和墨勒阿革洛斯：

　　墨勒阿革洛斯最大的荣耀是击溃了野猪。可这对卡波佛鲁斯来说根本不值一提。卡波佛鲁斯曾将猎矛扎进一只猛扑过来的熊的身体里，那可是北极地区的王者；他还放倒过一头狮子，据传这狮子是当年被赫拉克勒斯猎杀的那头可怕狮子的后代；然后负伤的卡波佛鲁斯还能把一只迅捷的豹子打死。当他最后带着奖赏离开时，仍旧处于一种随时可以投入下一场战斗的状态。

——《隽语》，马提亚尔著，R. 皮尔斯译

上午的比赛快结束时，观众通常会陆续站起，准备去休息。主办方要确保那些在午饭时间走出斗兽场的观众对上午的娱乐活动感到满意。当然，也有很多事情会扫了大家的兴致。观众们享受狩猎的乐趣，即使是动物处于明显下风，但他们不怎么喜欢为了杀戮而杀戮。马提亚尔在书中曾这样描述，当观众的同情心开始流露时，斗猎就会失败。有这样一个事件，斗猎士们在狩猎一群野猪，结果其中一头怀着幼崽：

一支轻盈的长矛刺穿了一头怀孕的野猪，一只幼崽从可怜的母亲伤口里流了出来……这是分娩吗？野猪妈妈义无反顾地在各种武器下身负重伤而死，或许通过这种悲壮的方式，她的幼崽们可以活下去……不会流产，还可以在母亲倒下时四处奔跑。哦！这突然的意外带来了多么不可思议的事件！

——《隽语》，马提亚尔著，沃尔特·C.A. 克尔译

这一离奇事件让很多人在离开竞技场时反思了生死问题，例如马提亚尔。

几个小时的屠宰之后，上午的比赛就结束了。

午餐时间的处决

午餐时间的公开处决会让观众分成几拨，这不仅是字面意思，也具有隐喻意味。许多观众趁这段时间离开斗兽场去外面的公厕方便，或是去附近的馆子小吃几

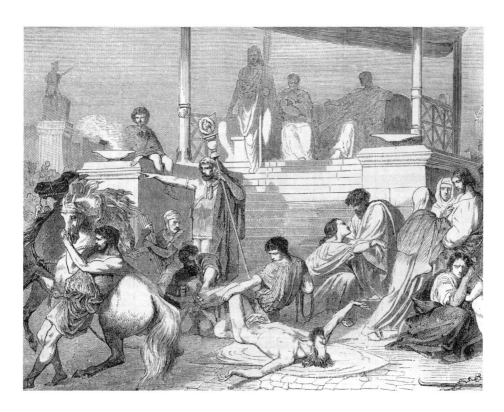

口。其他人则出于道德原因离开。许多贵族承认死刑是有必要的，但自己不想留下来观看。对他们来说，处决是一场太过血腥的屠杀，这种表演毫无意义，且并非出于正义感。作家塞涅卡描述了这种道德观点：

这些人没有防卫的盔甲。他们腹背受敌，被置于全方位的攻击下。比起寻常的二人对决和"按照比赛规则"的战斗，许多人更喜欢这种赛事。他们当然更喜欢这种方式了；没有头盔或盾牌，武器能不偏不倚地击中。防卫盔甲有什么用？战斗能力有什么用？这些只不过意味着死亡的到来会晚一点罢了。早晨，他们把这些人扔给狮子和熊；中午，他们把这些人扔给观众。观众要求，杀人者要正对着接下来他准备杀的人，并且每次胜利活下来的人要马上投入下一场屠杀。每一场战斗的结果都是死亡，被火烧死，被剑刺死。屠杀仍以这种方式继续，直到竞技场空空荡荡。你可以争辩说："他可是个拦路强盗，他

上页下图　这幅2世纪的壁画展示了一名轻型武装斗猎士与一头狮子的较量。

上图　这幅插图描绘了一名基督教殉道者被粗暴地推到皇帝面前。

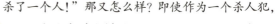

杀了一个人！"那又怎么样？即使作为一个杀人犯，他应该受到这样的惩罚。而你，可怜的家伙，你犯了什么罪，要坐下来看这杀人表演？早上他们喊道："杀了他！抽他鞭子！烧死他！他面对刀剑怎么能如此懦弱？他挥起武器怎么浑身没劲？他为什么不英勇就义呢？冲他的伤口挥鞭子！让他们裸露的胸膛迎着刀枪，尝尝为罪行付出代价的滋味！"中场休息时，组织者宣布："在此期间会有一小段割喉活动插曲，比赛仍在继续！"

——《致鲁基里乌斯的道德书简》，塞涅卡著，理查德·莫特·格默里译

上图　马提亚尔生于西班牙，是 1 世纪的罗马诗人，他在《隽语》中描绘了罗马社会令人啼笑皆非的一面。

马提亚尔不同意这种看法。他反驳道，午餐时间的处决有理有据，也维持了自然秩序。任何站在罗马强权或罗马律法对立面的人，都是自己放弃了生存权，理应被处死。这一观点占主流，因而处决活动一直占据着中午时段表演的主要位置，直到罗马帝国时代结束。值得注意的是，马提亚尔所描述的露骨的处决细节：

他残损的四肢还能动，不过滴着血，他的身子看起来也不像是人的身体。他可能弑父弑母，或者杀死了主人，或者将一座庙里秘藏的黄金洗劫一空，或者点燃了燃烧弹的引线试图烧掉整个罗马。他的滔天罪行势必盖过犯罪史上记录的任何一桩；因此原本设计来娱乐大众的活动在他身上变成了最恐怖的惩罚。

——《隽语》，马提亚尔著，安德鲁·阿莫斯译

下页下图　迪尔斯是一个神话人物，他被判绑在公牛的双角上处死。这幅 19 世纪的画作中所描绘的画面，在一座罗马竞技场中重演了。

午餐时间留下来观看节目的大多是平民阶层，但也有些有权有势的罗马高层嫌这种处决看不过瘾。据说皇帝康茂德和克劳狄乌斯尤其喜欢这种娱乐，而尼禄则发明了一种特别

残忍的行刑方法，名为"火刑袍"（*tunica molesta*）。这种刑罚是让罪犯在被钉在十字架上之前穿上涂满沥青的及膝短袍，然后点燃衣服。尼禄用这种方式处决了许多基督徒，把他们当成人体火把，为他的夜间表演照明。

火刑通常与兽刑（*ad bestias*）一起用于对反社会罪犯的惩罚，比如处置纵火犯、杀人犯、叛国奴隶和被认为共谋反对罗马的团体，其中就包括基督徒。火焰和野兽象征自然的力量，这些死刑犯在藐视罗马帝国的权威时，就已将自己暴露在了这种自然之力下。

在他们被处决的前一天晚上，会被带到斗兽场，挤在地宫的小隔间里一起度过他们的最后一晚。早上，他们被分成两组——公民和非公民。首先被处决的是公民，他们通常享有速死的特权，也就是剑刑。在罗马帝国早期，普通公民犯罪时是可以适用斩首的。随着罗马帝国的发展，只有元老、骑士和其他属于罗马精英阶层的成员犯罪才可以用斩首的方式来处死。而地位较低的公民罪犯则被判处兽刑和剑刑（*ad gladium*）。

上图 这幅 19 世纪的版画描绘了基督教殉道者在竞技场上接受判决的情形。

致罗马人书

基督徒常因反对将罗马皇帝神化的帝王崇拜而遭到兽刑或剑刑处决。第一批基督教殉道者的故事在宗教文学作品中广为流传。最著名的殉道者之一是安提阿的依纳爵，他在 2 世纪被判兽刑。下文是他描述自己等待被押往斗兽场时的场景：

从叙利亚直到罗马，跋山涉水，一路上我都在跟野兽斗争，不分昼夜，我不得不面对十头豹子，我的意思是一帮豺狼虎豹似的士兵，他们收了我的好处，却依然变本加厉地对待我。作为基督的门徒，愿我享受他们为我准备的野兽；我祈祷它们急切地冲向我，我也会引诱它们速速吞灭我，不要待我像待一些人那样，出于恐惧连碰也不碰。如果它们不愿意攻击我，我也会强迫它们这样做。请原谅，我知道怎么做会对我好。现在我即将要成为耶稣的门徒。请不要让任何人对我感到嫉妒，人也好，魂也罢，嫉妒我竟能接近我主耶稣。就让火焰和十字架加诸我身；让成群的野兽将我撕咬；让我骨肉分离；让我粉身碎骨；让所有魔鬼的痛苦折磨加诸我身。只要我能接近耶稣基督。

——《致罗马人书》，依纳爵著，亚历山大·罗伯茨、詹姆斯·唐纳森译

下页图 来自东罗马帝国首都君士坦丁堡的一幅 500 年的象牙双联板描绘了一场斗猎表演。最后一次有记载的斗猎表演发生在 536 年。

午间方案

在竞技场执行死刑的目的是将犯人所受的羞辱、落魄的现状与极度的痛苦展示给大众。公开执行死刑据说可以稳固罗马的社会秩序，震慑人们切勿违法，也让每个人看到了违

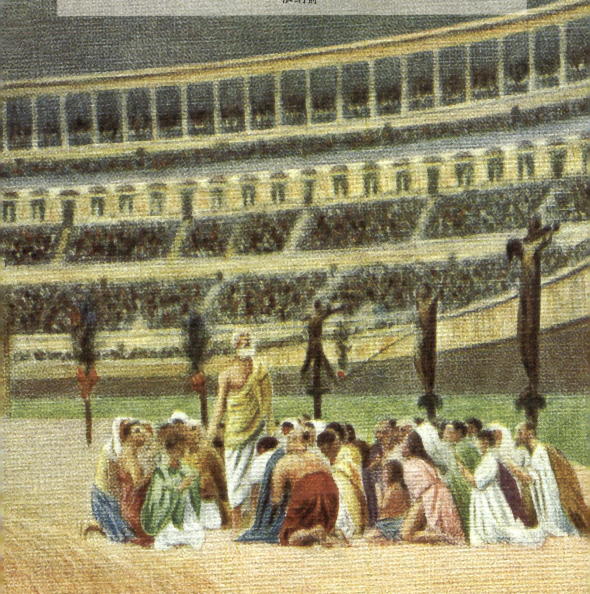

"愿我享受他们为我准备的野兽；我祈祷它们急切地冲向我，我也会引诱它们速速吞灭我。"

——依纳爵

跨页图　让·莱昂·热罗姆的一幅画作中，一名基督教殉道者在狮子靠近时向上帝祈祷。

法的最终下场。但它又必须是娱乐性的，否则观众会变得厌倦。那些留下来观看午间活动的观众想要一场表演，这要求主办方献上一场有极致冲击力的表演。

首先，等待受刑的公民犯人被带进竞技场，然后被斩首或者一剑刺死。随之而来的通常是一场持续时间更久的活动——让两个被判刑的犯人对决，一方持剑，一方手无寸铁。持剑的一方会追赶并抓住另一人将其刺死（拿着滚烫烙铁的竞技场侍从逼迫他只能这么做）。然后，他要将剑交给下一个进入竞技场的罪犯，刚入场的罪犯变成了追捕方。这场追逐战一直持续到最后一个罪犯被斗猎士解决掉。

接下来是对非公民犯人进行处决。地宫的活板门和滑轮系统是杀戮装置的一部分。例如，他们会事先将人钉在十字架上，然后通过活板门将其升到竞技场的地面，这样十字架上的人就成为了一个活靶子，让狮子和老虎攻击。其他人则会被拴在战车上，战车穿过竞技场，驶向在另一头等待的野兽。有些罪犯只是被头朝下钉在十字架上，然后扔在那里当作诱饵，等感兴趣的动物上去吃掉他。

为了让处决方式花样百出，通常会在行刑时表演有名的神话故事。在尼禄统治时期，这种行刑方式开始成为一种惯用手法，皇帝自己有时也会为死刑犯设计新的故事线。其中一个故事与代达罗斯和伊卡洛斯的神话有关，他们戴着羽毛和蜡制成的翅膀逃离牛头人怪物弥诺陶洛斯的迷宫。然而，伊卡洛斯飞得离太阳太近，于是他的翅膀融化了，他也掉进海里溺死了。

正如苏维托尼乌斯所述，在尼禄举办的比赛中，死刑处决时上演的神话能否成功充满变数："第一名罪犯扮演的伊卡洛斯就掉落在皇室的长榻上，他的鲜血溅了皇帝一身。"

上页图　基督徒被绑在木桩上被野兽撕咬，是竞技场中殉道者常见的结局。但罗马人为了给处决增加花样而想出的酷刑，会让他们在未来付出惨痛代价。

下图　罗马斗兽场内，一头熊正在靠近一个半裸的基督徒。如果野兽不情愿去撕咬一位基督教殉道者，这位基督徒则会被认为是无辜的。

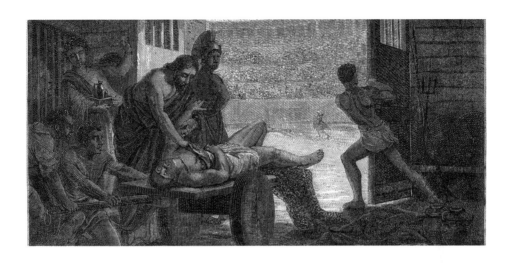

后来又一次上演这个神话时，一名罪犯被安排扮演代达罗斯。通过使用缆绳和绞车系统，他们让代达罗斯从竞技场上方飞过，这样罪犯就可以掉进熊群的包围圈里被它们生吞活剥。另一个常在行刑中上演的则是大恶霸劳雷欧鲁斯的故事，他是土匪头目，关于他的故事也是罗马默剧的常见题材。在马提亚尔的描述中，有位死刑犯要扮演劳雷欧鲁斯，而这一次他是以希腊泰坦普罗米修斯的形象呈现的。这一神明受到惩罚，要永远被绑在石头上，由一只鹰来啄食他的肝脏：

> 就像普罗米修斯被拴在一块岩石上，被一只永不餍足的鹰吞食他的脏器一样，斗兽场中里的劳雷欧鲁斯被结实地绑在十字架上，然后让一头喀里多尼亚棕熊撕开他的心脏。
>
> ——《隽语》，马提亚尔著，安德鲁·阿莫斯译

在这一次表演中，扮演劳雷欧鲁斯的囚犯被钉在十字架上，任由苏格兰棕熊撕咬，这似乎起到了娱乐效果。然而，与斗猎表演一样，此类活动的成功与否在很大程度上取决于动物。罗马的主办方深知，疲惫、恐慌或抗拒出战的动物可能会搞砸一场巨额投入的处决表演。保障表演顺利完成，是他们工作的一部分。然而，对于被判刑的基督徒和记录死亡

上页图　佩蓓图和斐丽西达是两位有名的殉道者，在迦太基的竞技场中，她们在野牛的践踏中活了下来，但最终被割喉而死。

上图　盖伦是一位著名的罗马医生，他曾在希腊和亚历山大学习，后来返回家乡土耳其佩加蒙，成为角斗士学校的首席医生。图中他正在照顾一个受伤的角斗士。

上图　这幅 17 世纪的画作描绘了角斗士团体比赛（en masse）。角斗士团体战斗有时会被记录，但十分少见。

的人来说，这些动物不情愿进攻的表现证明了殉道者是无辜的。他们相信上帝只允许野兽杀死有罪之人。

　　一个著名的事件是塞普蒂米乌斯·塞维鲁皇帝统治时期殉道的佩蓓图和斐丽西达的故事。塞维鲁曾禁止帝国臣民成为基督徒，并残害信奉基督教的人。203 年，塞维鲁在迦太基的竞技场处死了数千名基督徒，其中包括刚信奉基督的新教徒：贵族妇女佩蓓图和她怀孕的仆人斐丽西达。

　　讲述佩蓓图和斐丽西达故事的基督徒说，这两位女性拒绝用放弃基督教信仰换取活下去的机会，选择光荣殉道。斐丽西达甚至担心她即将分娩一事会让行刑中止，耽搁她殉道。不过，免受野兽折磨的并不是佩蓓图和斐丽西达，而是另一名被判处和她们一起受死的基督徒萨图卢斯。萨图卢斯和一头野猪绑在一起，这头野猪拒绝用獠牙攻击他，而是拖着他在竞技场四处跑。然后，野猪突然冲向一个正在入场的斗兽士，并杀死了他。第二次行刑时人们试图将萨图卢斯绑在木架上，还在他旁边放了一头熊，但是熊也拒绝攻击他。直到第三次尝试才终于成功——萨图卢斯被一头豹子撕成了碎片。然而观众还是对主办方的无能甚为不满，他们甚至

安德鲁克里斯和狮子

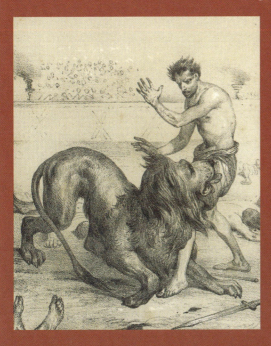

上图 安德鲁克里斯与自己曾救助过的狮子重逢，这头狮子成了他在竞技场上的救星。

被扔给狮子的死囚里最有名的要数安德鲁克里斯，他是古罗马时代的一个奴隶。安德鲁克里斯从非洲暴戾的奴隶主手里逃走后，在罗马被判处兽刑。作家奥鲁斯·格利乌斯在 2 世纪记录了以下内容：

……在处决奴隶的过程中，一头特别的狮子以其庞大的身躯、可怕而深沉的吼叫、发达的肌肉和肩头的鬃毛给观众留下了深刻的印象……许多被判处和野兽决斗的犯人被带了进来，其中一个是前任执政官手下的奴隶安德鲁克里斯。当那头狮子从远处看到他时……突然停了下来，好像很惊讶，然后慢慢地、静静地走近那个人，好像认出了他。然后，狮子轻柔地摇着尾巴，扫来扫去，就像一只想要吸引主人注意力的狗。它靠近这个现在吓得半死的男子，温柔地舔舐他的手脚。安德鲁克里斯放弃抵抗，接受这只猛兽的爱抚，突然又捡回丧失的勇气，慢慢瞥了一眼那头狮子……大家看到的是人和狮子在高兴地向对方打招呼，好像他们认出了彼此。

——《阿提卡之夜》，奥鲁斯·格利乌斯著，J. C. 罗尔夫译

安德鲁克里斯被传唤到奥古斯都跟前来解释这不可思议的转折。他告诉皇帝，他在逃跑途中去过狮子的洞穴中避难，并帮狮子拔出了脚掌中的刺。心怀感激的狮子和安德鲁克里斯成了朋友，还为他带来了肉食。奥古斯都当即宣布特赦安德鲁克里斯和这头狮子，于是他们两个结伴离开了。奥鲁斯写下这幸福的结局：

后来……我们常常看到安德鲁克里斯用一条细细的狗绳牵着这头狮子，逛遍了城里大大小小的商铺。安德鲁克里斯会收到钱，而狮子则会收到扔向它的鲜花。不论他们走到哪里，人们见了都会大喊道："这是那头和人做朋友的狮子，这是那个为狮子治病的人。"

——《阿提卡之夜》，奥鲁斯·格利乌斯著，J. C. 罗尔夫译

要求主办方当面割开萨图卢斯的喉咙，好叫大家确认他真的死了。

佩蓓图和斐丽西达面对这些动物时，大家又愤怒了。赤身裸体的女子被带进竞技场，观众瞧见后发出厌恶的叫喊。这两个女人被带下去披上衣服后，再次返回竞技场。她们受了鞭挞，又被野牛踩踏，但都幸存了下来。随后主办方派剑士来解决这两个女人。据说，佩蓓图必须帮刽子手把颤抖的手扶稳，他才能割开她的喉咙。

收拾残局

就像此前的斗猎表演一样，午间处决也以竞技场的满地残骸收尾。行刑结束后，两名打扮成神话人物的男子将进入竞技场——冥界船夫卡戎手持一把双柄榔头，罗马守护神墨丘利挥舞着一根长长的铁棒，顶端烧得通红。当这两个人从死人堆里走过时，墨丘利会用滚烫的铁棒捅一捅他们，而卡戎会用他的榔头狠狠锤他们，确保没有人能通过装死逃离竞技场。

角斗比赛

竞技场中的血迹和尸体被清理后铺上了干净的沙子，经过午餐时间的短暂休息后，回到场中的人们又活跃了竞技场

上页图　角斗士在庞帕仪式中被带入竞技场内。有时角斗士会卸下甲胄和武器进入竞技场中，在观众面前展示他们的身材。

上图　这幅浅浮雕上有一群正在游行的角斗士，他们背后是一些官员。

进入竞技场

昆体良是 1 世纪以雄辩著称的修辞学家。在这段文字中，他描述了一个即将进入竞技场的角斗士所面临的苦境。值得注意的是，昆体良提到了那些烧红的铁板和铁棒，这些东西被用以迫使那些消极应战的角斗士投入战斗：

到了这一天，众人相聚于此观看对我的惩罚表演；现在整个竞技场上都展示着他们的肉体，这些即将死亡的肉体走在自己死亡游行队伍的最前面。主办方坐在那里，用我们的鲜血为民众送上万千恩惠。尽管无人了解我的命运、我的家庭、我的父亲，因为大海分隔了我和我的故土，然而在某些观众眼中，他们觉得我可怜，因为我看上去并未准备好；我注定要成为竞技场的牺牲品，没人能比我更让这些游戏的投资者省心了；到处都是死亡工具所发出的噪音：这儿在磨剑，那儿有人在加热烙铁，这儿做着铁棒，那儿挥着鞭子。你以为这些人或许是海盗。刺耳的嚎叫声宣告葬礼来临，送葬队伍正在前

上图　激怒角斗士是一种中型武装角斗士，在罗马共和国时期首次出现。

行……在有人死去之前，到处是血淋淋的伤口和哀号；你能看见的只有威胁。

——《雄辩术原理》，昆体良著，H.E. 巴特勒译

的气氛。这一天的重头戏就是角斗士的战斗，下午早些时候，斗兽场里观众的激情已经按捺不住。

在观众就座期间，通常会有一些轻松的娱乐项目上演，例如逗乐角斗士之间的模拟战。这些用木剑战斗的逗乐角斗士通常会因为身体残疾或矮小而被选中。另一类表演则由两名遮目角斗士呈现——角斗士戴着没有观察孔的头盔，蒙面盲战——这种表演有时也能炒热现场气氛。遮目角斗士通过观众大声的指引去摸索对方的位置，直到一方跌跌撞撞地碰上了他的猎物，并杀掉他，这场决斗才算结束。

当所有人都找到座位后，竞技场会被清空，整个场内变得鸦雀无声。庞帕仪式也就是开幕式即将开始。庞贝城内的一面浮雕最为完整地记录下了一次庞帕仪式。浮雕上面庄严的队伍由两名身穿托加长袍的侍从执法使（lictor）带队走入竞技场，这是罗马公民的正式着装。侍从执法使是比赛主办方的公务人员，他们手持束杆（fasces，即"法西斯"），即用一捆木棒将一把斧头捆住，作为他们权力的象征。走在侍从执法

> "众人相聚于此观看对我的惩罚表演；现在整个竞技场上都展示着他们的肉体，这些即将死亡的肉体走在自己死亡游行队伍的最前面。"
>
> ——昆体良

使身后的是两名号手和四名肩扛轿辇（*ferculum*）的人。这个轿子上放置的是罗马战神的雕像，如大力神赫拉克勒斯、战神马尔斯和复仇女神涅墨西斯。后面的人则扶着一块牌匾，上面有决斗的信息，以及为胜利者准备的橄榄枝。在这些人后面是主办方本人，身穿托加长袍，后面跟着六名持盔带盾的侍从。队伍的尽头，两个人带着骑兵用的马匹入场，下午的活动就由骑兵开始。和他们一道的还有两个乐手，一个拿着号角，另一个拿着喇叭。音乐是角斗士比赛不可或缺的一部分，不仅在庞帕仪式期间演奏，而且也伴随着比赛响起。乐器包括大号、小号、长笛和水压管风琴，在战斗的高峰和低谷时演奏，就像现代管弦乐队在默片中的角色一样。

　　通常，角斗士自己也会加入庞帕仪式，如果没有，他们会在仪式结束后直接进入竞技场。在实战的前奏中，观众有机会看到没有穿戴甲胄和头盔的角斗士。角斗士们会先热身，

右下图　此图为渔网角斗士使用的护肩，护肩顶部的金属被弯曲并远离角斗士的头部，以确保他们可以自由活动。

左下图　追击角斗士的头盔，庞贝城发现的保存完好的文物之一。

用木制的或磨钝的武器和对方小过两招，以展示他们的肌肉和实力。然后，角斗士会被送往竞技场中，检查他们要用到的真正的武器。这主要是为了保证这些武器有足够的杀伤力。据传康茂德皇帝就经常亲自去竞技场检查，确保这些剑足够锋利。

检查完武器后，除第一组即将对决的角斗士之外的角斗士退出竞技场。待双方准备好后，小号手发出战斗开始的信号，战斗由一名主裁判（*summa rudis*，即"主棍"，因裁判手握长棍）和副裁判（*secunda rudis*，"次棍"）监督。战斗有严格的规则，但我们对此知之甚少。据说有些比赛是在用白垩画好的边界内进行的。如果角斗士们踏出这些界线，战斗就会暂停，他们会被遣回最开始的位置。

观众们对比赛规则了如指掌，对每个角斗士所展示的战斗技巧也很关注。这些表演是为了取悦观众而进行的，观众们在比赛的每一刻都会大喊大叫，或奚落嘲笑，或欢呼赞扬，以此宣泄他们的情绪。

对角斗士来说，日复一日地对着一块木板出击，和各自的教练进行的操练演习，有朝一日会事关生死。他们在训练中学会了各种各样的技能——弓步冲刺、猛攻、回挡——他们现在靠这些活命。他们很少以剑刃交叉相抵，而是用盾牌抵挡砍杀。盾牌还可以用来连击对手，撞伤对方，打掉对方手里的武器或盔甲。每个角斗士都会敏锐地搜寻对方暴露在外或容易受伤的身体部位，或割或砍，想尽办法让对手丧失战斗能力。当两个角斗士相互周旋时，他们会尽可能地保留体力，找准时机给对方致命一击。角斗士比赛不是回合制，战斗会一直持续到决出胜利的一方。不过如果比赛时间太长，裁判可以要求暂停。在庞贝城的一面浮雕上，雕刻的正是两名角斗士在这一间隙稍事休息的场景。浮雕上描绘的侍从正在为角斗士按摩，并献上饮品。

尽管同时期的文字资料为那些英勇战斗的角斗士们唱了赞歌，但并不是所有的角斗士都是英雄。有些角斗比赛短暂而残忍，有人害怕得想逃，有人拒绝战斗，还有人轻易便被比之强大百倍的对手干掉。在这种情况下，裁判会派侍从用棍棒、鞭子、火炬和烧红的烙铁刺激这些战士。

经过训练的角斗士被用以展示罗马的美德：藐视死亡，光荣赴死。但许多角斗士比赛并没到要用"你死我活"的方式来定胜负的程度。相反，当一方筋疲力尽、身负重伤无法继续或无力还击时，战斗就结束了。

在这种情况下，被击败的角斗士会扔掉他的剑——如果他还有剑的话——然后举起食指投降。他的对手随即看向皇帝和主办方寻求进一步的指示，败者则转而看向观众。现在要由观

上页上图　在塞浦路斯的古罗马城邦库里安发现了一幅罕见的角斗士镶嵌画。

下图　一位官员在比赛现场巡视，这场比赛中胜利的是带着弯曲西卡剑的色雷斯角斗士。

众来决定，战败的角斗士刚才的表现是否足够英勇，是否可以免于一死。如果该角斗士遵循了罗马美德，英勇作战，那么往往虽败也能被免于一死。如果观众齐声高呼"放了他"，皇帝也允准了，角斗士将被特赦并活着离开竞技场。

如果皇帝不颁布特赦令（据说卡利古拉和图密善有时会拒绝按群众的意愿行事），那么被击败的角斗士还是得光荣赴死。为了做到这一点，他会用双臂搂住对手的双腿，让对方在他胸膛或脖子上给出致命一击。这时观众们会大喊"他做到了"（*Habet*）。

浮雕和镶嵌画上常展示角斗士接受致命一击的最后时刻。在那不勒斯的浮雕上，一名战败的角斗士双手抱住对手的膝盖，对方把住他的头，将剑刺进他的喉咙。在博洛尼亚的浮雕上，一名战败的角斗士跪下等待对手的致命一击。在贝佳斯庄园的镶嵌画中，一名角斗士用双手将剑刺入另一人的背部。在兹利坦的镶嵌画中，一位重步兵角斗士将他的剑插入一个鱼盔角斗士的胸口，后者则一脸绝望地紧握着那把剑。

比赛结束后，胜利者会走向皇帝专用的包厢，并被授予月桂花环，有时还会得到奖金。当他离开竞技场时，他会在人群的欢呼和掌声中挥手致意。而他死去的对手则被盖住用担架抬到竞技场的停尸房。这些角斗士通常会在那里被割断喉咙，以确保他们死亡。接着他们的盔甲和武器会被卸下，送到角斗士学校再次使用。然后他的遗体会被送去他所属的学校，他们会为他举办葬礼。

上图　这座大理石浮雕展示了对决中的两个类型不明的角斗士，他们都手持匕首。

下页图　角斗士医生盖伦在为一位受伤的角斗士处理伤口。在当时许多人都没有资格像角斗士这样接受医生的照料。

比赛结束

角斗士的对决通常速战速决，猛烈异常，持续 10~15 分钟。当然也有例外——有些比赛可能会在几分钟内以残酷、血腥的方式结束，而另一种势均力敌的比赛则会持续数小

"他残损的四肢还能动，不过滴着血，而他的身子看起来也不像是人的身体。"

——马提亚尔

时。有一个史诗般著名的旗鼓相当的战斗事例，就发生在罗马斗兽场的开幕式上。这两名角斗士分别是高卢奴隶普利斯库斯和一名自由人维鲁斯。马提亚尔描述了他们的战事：

当普利斯库斯和维鲁斯开始战斗时，两人之间的交手旗鼓相当，观众高声叫喊，要求放过这两个战士。但提图斯严守他自己制定的法律（即使在没有盾牌防护的情况下比赛也要继续，直到有人竖起食指认输）。他能做的，只是向观众分发食物和礼物。然而这场势均力敌的斗争终于以这种方式到了尾声：他们打得不可开交，最后同时认输。提图斯给他们两人送去了木剑和橄榄枝。他们的英勇与能力也收到

跨页图　217年，罗马斗兽场被大火烧毁后，图密善竞技场用于举办角斗表演。戴克里先统治时期，13岁的基督教殉道士圣阿格尼丝就在那里被处决。

> # "当普利斯库斯和维鲁斯开始战斗时，两人之间的交手旗鼓相当，观众高声叫喊，要求放过这两个战士。"
>
> ——马提亚尔

了回报。这事除了提图斯还没有其他皇帝做过：两人战斗，同时胜出。

——《隽语》，马提亚尔著，D.R.沙克尔顿·贝利译

　　马提亚尔夸张的赞扬可能反映出大众对皇帝的决定表示拥护——他允许两名角斗士同时以自由人的身份离开竞技场。

　　皇帝或比赛主办方最大的心愿就是在一天结束时让观众心满意足地回到家中。毕竟，恺撒的"面包与马戏"方针就是为了防止人民的背叛。提图斯皇帝在竞技场用与众不同的闭幕式来取悦观众，结束了这漫长的一天。卡西乌斯·狄奥写道：

　　他会从高处把各种各样的小木球扔到剧场里，一个上面写着食物，另一个上面写着衣服，还有的写着银器、金器，或是马、驮畜、牛或奴隶。抢到它们的人可以拿着木球到发放奖品的人那里，从他们手中兑换相应的物件。

——《罗马史》，卡西乌斯·狄奥著，欧内斯特·卡里译

　　角斗士比赛结束时兑换礼物的做法在图密善统治时期仍在继续，并成为表演程序的一部分。通过大肆铺张的角斗比赛、分发粮食和免费礼物，皇帝获得了民众的喜爱，可以高枕无忧了。而对观众来说，这一天与其他观看比赛的日子没什么两样。有难忘的时刻，也有平淡的时候，不过最重要的是，明天、后天，接下来的好几天，都有更多的比赛可看。帝国时期的表演持续时间很长：图拉真为庆祝他在达契亚的胜利而举办的比赛持续了123天，其中包括10000名角斗士之间的比赛。皇帝们毫不犹豫地花重金提升自己的国民好感。

衰落

　　到 3 世纪中叶，罗马帝国开始瓦解。哥特人和波斯人等对罗马边境的进攻越来越频繁，为平息战乱，帝国的金库几乎被罗马军队消耗殆尽。罗马帝国无力举办规模庞大、穷奢极欲的角斗士比赛了。与此同时，罗马还受到另一个更为危险的敌人——基督教的攻击。

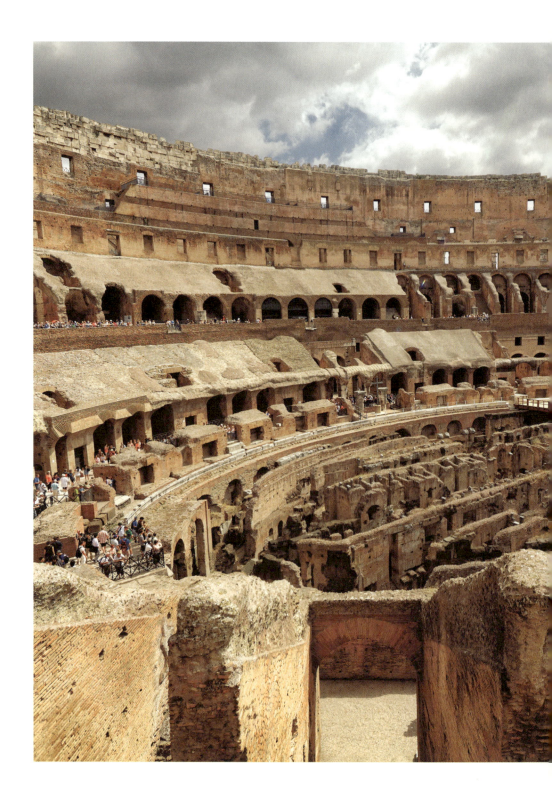

　　在应对其边境不断遭受的进犯时——包括哥特人对希腊和小亚细亚的入侵，法兰克人对西西里岛和北非的袭击——罗马的做法是不断迎接新任皇帝登基。在238—285年，罗马一次次徒劳又绝望地寻找新的"救世主"，其间共有49位不同的皇帝登基。军队是罗马最重要的资产，而军团本身也经常亲自挑选皇帝，这些统治者通常是与战士们一起冲锋的军事指挥官。

　　戴克里先就是这样一位皇帝，他是巴尔干农夫的儿子，凭借过人的能力与聪明才智在军队中迅速崛起。戴克里先对罗马的传统体制或将皇帝视作第一公民的统治模式不感兴趣。相反，他的统治风格像一位无所不能的神明。他要求臣民在他面前俯身，幸运儿还可以亲吻他长袍上的紫色衣褶。为了确保自己的手下拥有直接指挥权，戴克里先将帝国分为四个部分，由四个皇帝分区治理，称之为"四帝共治"，并开始了官僚体制改革。这些改革措施没收了行省精英阶层的行政权，将其交到一个新的集权体系手中。

跨页图　几百年来罗马斗兽场依然是热门旅游景点。每年都有数百万名游客慕名前来。竞技场地面下的地宫清晰可见。

右图　"四帝共治像"是戴克里先创立的四帝共治制度下的四位皇帝雕像。

> "我们要求停止角斗士比赛。
> 判罚角斗士之人，即日送至矿山劳作。"
> ——君士坦丁

上图 这幅20世纪的插画描绘了410年阿拉里克与其西哥特军队在罗马的劫掠。

下页图 这幅插画描绘了尼禄对基督徒圣彼得和圣保罗的迫害。

罗马对其行省地区精英阶层的依赖越来越少。但最偏远地区的城镇也慢慢脱离了帝国的掌控，首都再也无法从这些城镇获得收入。在罗马遥远的领土上还出现了一场逐渐壮大的精神运动：基督教的兴起。罗马的物质享乐主义慢慢被其替代，这一新宗教思想逐渐渗透了不同阶级的人民。

宗教自由和罗马衰亡

几个世纪以来，罗马行省的权贵家族都担任着当地执政官员的职位，保障了帝国殖民机制的正常运转。他们维系着

"即使你们拖着我的身子去了那里，把我押在那儿，也无法迫使我交出我的心，正眼瞧一瞧这些比赛。"

——圣奥古斯丁

上图 这幅画作中，提图斯皇帝包围了耶路撒冷，下令拆除耶路撒冷圣殿。他为庆祝这一胜利举行了凯旋式和角斗比赛。

下页上图 塞维鲁凯旋门位于罗马城邦利比亚的大雷普提斯。塞维鲁出生于非洲当地，后来成了罗马皇帝。

"罗马和平"，收税、征兵，最重要的是，确保当地每一位住民都遵循帝王崇拜的思想。其中一种效忠形式就是以皇帝的名义举办角斗比赛。作为回报，行省的市民可以做他们想做的任何事，信奉任何教派。罗马无意禁止任何宗教习俗。罗马文明是多神教信仰，因此允许臣民崇拜任何异国的神明。罗马对为人民提供精神指引兴趣索然，这在很大程度上导致了帝国的衰落。

　　尽管许多行省在罗马和平时期繁荣发展，但可以确定的

是，在罗马的心脏，有什么东西已经腐朽。像尼禄、卡利古拉和康茂德这样暴虐的君主，其恶行已像山火一样传遍了各个行省。而反抗帝国统治的人，其下场要么是沦为角斗士，要么是在竞技场被集体处决——这样的消息也人尽皆知。

对基督徒的迫害并不是一以贯之的政策，在不同皇帝的统治时期有所不同，时而中止，时而重启，延续了数个世纪。尼禄将 64 年罗马城的大火归罪于基督徒，并活活烧死了数千名基督徒为他的比赛照明。70 年，提图斯残酷镇压了犹太人在耶路撒冷的起义，并将此地洗劫一空。成千上万名犹太人或于竞技场内被处死，或是充作奴隶劳工为其修建罗马斗兽场。

那些被迫离开耶路撒冷的犹太人流浪到地中海沿岸各地，心怀着救世主信仰，这一信仰将在后来演变为基督教。随着基督教的生根发芽，罗马皇帝们定期开展对基督徒的迫害，试图镇压这股迅速发展的新生力量。

203年，塞普蒂米乌斯·塞维鲁统治时期就有过一次这样的迫害行动。塞维鲁下令在迦太基的竞技场屠杀了数千名基督徒，其中就有两位新的女教徒佩蓓图和她的仆人斐丽西达。这两名女子遭受处决后被追封为圣徒。她们的故事也为罗马词典引入了一个新术语：殉道者。

跨页图　这幅18世纪的蚀刻版画描绘了4世纪早期戴克里先皇帝对基督徒的迫害。但此举并没能让基督徒回心转意，重新信仰罗马传统宗教。

下图　君士坦丁是第一位转信基督教的罗马皇帝。这位基督教徒皇帝最终废除了角斗比赛。

　　佩蓓图恰恰来自前面所说的行省精英家庭，她的家族曾负责罗马帝国在其殖民地的行政管理事务。和罗马只能给人们提供物质财富相比，基督教为那些并未受限于帝国的浴室、渡槽和竞技场的人带来了精神上的富足。对那些在罗马铁蹄下遭受践踏的行省平民来说，选择这一宗教情有可原。但直到基督教渗透到统治阶级时，这一教派才开始真正影响大局。

帝国的转变

　　到 303 年，基督教已大举渗入罗马首都的贵族阶级内部。因此戴克里先颁布了"大迫害"的诏令，下令销毁所有基督教的经书，拆毁教堂，任何骑士、元老或其他贵族，一旦发现其有信奉基督教的罪行，将被剥夺身份与特权。在皇帝的迫害下，整个罗马帝国的基督徒都将失去他们的合法权利。尽管戴克里先明令大众继续崇拜罗马传统众神，但他对基督教的镇压反而让燎原之火烧得更旺。对基督徒来说，殉道是一种荣耀，而非惩罚，因为这保证了他们可以在天堂有一席之地。那些在竞技场被杀害的殉道者的故事在罗马帝国的各个角落传扬，在基督徒的集会上被颂扬。

跨页图　位于土耳其的古
城邦希拉波利斯的一座剧
场。尽管君士坦丁下令禁
止角斗比赛，4世纪的罗
马东部行省依然可见比赛
的踪迹。

右图　土耳其一座罗马石
棺中的角斗士浮雕。

随着越来越多的罗马人转信基督教，最终罗马皇帝转为
基督徒也只是时间问题。这个著名的皇帝就是君士坦丁。打
败对手马克森提乌斯的那天，他称在天空中看到了十字架，
于是宣布自己皈依基督教。马克森提乌斯是四帝共治制度下
的皇帝之一，他曾向君士坦丁宣战。马克森提乌斯被杀后，
君士坦丁结束了已经崩坏的四帝共治制度，重新统一了整个
帝国，成为唯一的皇帝。在其治理下，基督教作为古代世界
的主要宗教逐渐兴起。

君士坦丁也为天下闻名的罗马帝国开启了新的篇章，这

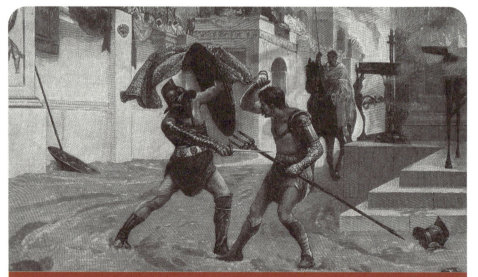

上图　一名渔网角斗士和一名鱼盔角斗士在战斗。

不道德的比赛

　　基督教认为角斗比赛鼓励人们观赏战斗和公开处决，会使人的品行不端，滑向野蛮。这一看法最先由圣奥古斯丁提出，他讲述了友人阿利庇乌斯被迫前去观看这些比赛的经历：

　　他前去罗马……在那里他不由自主地陷入了对角斗表演的极端狂热中。尽管他之前旗帜鲜明地反对并且抵制这样的表演，可有一天他偶遇一群从晚宴归来的熟人和同学，他们嬉闹着拉他去竞技场，尽管他极力抵抗，还是被强行拖去了。那一天正好上演了凶残可怖的表演。

　　他抗议道："即使你们拖着我的身子去了那里，把我押在那儿，也无法迫使我交出我的心，正眼瞧一瞧这些比赛。因为我人虽在此，心却不在，我将以此战胜你们还有那些表演。"当他们听到这番话，就把他拖了进去……但阿利庇乌斯紧闭双眼，禁止自己的心神在邪恶前游荡。要是他也能闭上自己的耳朵多好！因为当一个战士在打斗中倒下时，人群中发出的大叫搅乱了他的意志，好奇心占了上风，不过他依然准备好接下来无论看到什么都嗤之以鼻（他以为自己准备好了），于是他睁开眼，灵魂受到了重击，这一击远胜过他想要看到的那名受害者所受的伤害……因为他的眼睛看到了血，瞬间沾上了野蛮的气息，再也不能移开，他目不转睛地看着这血腥的娱乐，不知不觉深陷其中——他高兴地看着邪恶的比赛，陶醉于这场屠戮血欲。他与来时判若两人，变成了一个暴徒，与带他来这儿的那群人一般无二。我还需要多言吗？他观看着，叫喊着，如此激动，离开时他已变得癫狂，这份癫狂会鼓动他再次前来，不仅是和那些怂恿他的人一起来，甚至自己只身前往；事实上，他还会拖着其他人前来。

　　——《忏悔录》，圣奥古斯丁著，阿尔伯特·C.奥特勒译

> "他（忒勒玛科斯）走进竞技场，沿着台阶来到竞技台上，试图阻止那些互相挥舞武器的人。"
>
> ——塞勒斯的狄奥多勒

一新时代围绕着罗马的新都城君士坦丁堡（也就是今天的伊斯坦布尔）展开。罗马过渡为一个基督教国家，这也是角斗士比赛消亡的开端。

313 年，君士坦丁发布敕令：帝国上下对基督教实施宽容政策。325 年，他邀请主教加入他的核心顾问圈子。同年又颁布了另一条敕令，这一次是下达给东部行省的执政官马克西姆斯的，要求他禁止进行角斗士比赛：

在公民安乐、国内和平的时代，血腥的表演令人不快。

下图　罗素·克劳在电影《角斗士》中扮演马克西姆斯，一位虚构的罗马将军。电影中这位将军后来变成了角斗士。这部电影尽管票房大卖，但其因与历史有颇多出入而饱受诟病。

因此，我们要求不再有角斗士比赛。判罚角斗士之人，即日送至矿山劳作，不必挥洒鲜血即可减轻罪孽。

——《狄奥多西法典》15.12.1

尽管君士坦丁颁布了敕令，角斗士比赛依然在其任期内继续举行。328 年，在安提阿古城（即如今的土耳其安塔基亚城）附近举办了一场角斗表演。随后在其他东部城市又举办了类似的表演。这些城市的主教随即颁布教条，称基督徒不可从事竞技场的工作，在竞技场中表演的角斗士不可接受洗礼。

基督教对此类表演的厌恶一部分源于此前基督徒所受的迫害以及他们在竞技场所遭受的折辱。然而更重要的一点是，这一比赛与基督教的理念不符。这主要是指那些声名狼藉甚至臭名昭著的人有机会在竞技场挽回形象，重得救赎。一名角斗士可以通过展示罗马人英勇无畏、蔑视死亡的美德而获得救赎，由皇帝下特赦令免于一死。但在基督教的世界里，只有上帝才可以实现这样的救赎，而且上帝并不会因为一个人剑艺高超就将他救赎。皇帝拥有生杀予夺和赋予自由的权力是基督教派最终与其决裂的诸多原因之一。教会成为基督教自身的权力机构，由教皇统领大权。

自 4 世纪君士坦丁大帝执政以来，在紧随其后的信奉基督教的皇帝统治下，角斗士比赛逐渐式微。然而，似乎没有人想要彻底废除这一传统。博尔盖塞美术馆收藏的一幅镶嵌画上展示有君士坦丁的儿子们在 333 年至 337 年间举办角斗表演的大量细节，这幅画之前装饰在罗马斗兽场附近一幢大型别墅的场地内。在罗马的腓洛堪林历这部 354 年的插图年历上，展示了战车比赛和角斗士比赛的特定日子。不过，这些日子里用于战车比赛的有 64 天，而角斗比赛只出现了 10 天。这样的频率与帝国巅峰时期持续数周的表演比起来相去甚远，也显露出帝国资金已然无力支撑这类活动。

角斗比赛彻底消亡前的最后数十年，也是罗马帝国皇位频繁更替、混乱无序的数十年。367 年，瓦伦提尼安一世下令禁止判处基督徒在竞技场受刑，但是允许以这种方式惩罚非基督徒。狄奥多西一世废除了异教徒节日，但在393年，致力于恢复罗马多神教传统的元老叙马库斯却可以在首都举办表演。狄奥多西的后继者霍诺里乌斯在399年关闭了所有的角斗士学校，但并没有禁止比赛本身。反而是在404年发生的一次摩擦为角斗士比赛敲响了丧钟。起先，有一位名为忒勒玛科斯的修道士从帝国东部行省一路跋涉来到罗马反对角斗士比赛。在一次表演中，他离开座位打断了两名角斗士之间的战斗，观众要求角斗士将他大卸八块。皇帝霍诺里乌斯闻言震惊，下令在罗马都城永远取缔角斗比赛。

霍诺里乌斯的禁令并未根绝此类表演——直到440年前后比赛仍在继续——但它们对观众的吸引力已大不如前。这主要有几个原因：首先，能为比赛投入的帝国资金已所剩无几。这意味着比赛往往十分短暂，只有零星的几个角斗士来娱乐大众。这使得那些来到竞技场的人往往乘兴而来败兴而归。其次，观众的规模也在减少。因为越来越多的人开始信仰基督教，而基督教领袖们让其信众远离这些表演。再次，罗马在410年落入阿拉里克手中，这位西哥特国王洗劫了这座城市。此后，罗马在西罗马帝国最后一位皇帝罗慕路斯·奥古斯都的统治下虽继续存在，但这位皇帝在476年被后来成为意大利国王的日耳曼王子奥多亚克废黜。西罗马帝国连同其为了展示自己的财富、权力和对被征服臣民的统治而举办的角斗表演，都一同消亡了。

在整个5世纪，那些被认为适宜基督教信众观看的比赛，包括战车比赛、斗猎表演以及人与动物之间的打斗，依然在东罗马帝国首都君士坦丁堡上演。

尽管角斗士之间的战斗被认为不符合基督教教义，但屠杀动物却没有这样的争议。野兽斗猎一直延续到下个世纪——

跨页图　这是一幅来自土耳其的斗猎表演浮雕。5世纪时，尽管角斗比赛已被禁止，但人与动物之间的打斗比赛还在东部行省继续上演。

506年为庆祝阿雷奥宾都斯（Areobindus）成为执政官而举办的一场表演就包含有纵犬袭熊和斗猎士用长矛猎狮的项目。一直到6世纪斗猎表演依然存在，而斗兽表演则被禁止了。

最后一次记录在册的涉及动物斗猎的表演由查士丁尼一世在536年举办。从此以后，即使是这种仅是带有角斗元素的表演也淡出了历史舞台。罗马角斗表演走到了历史的尽头。

跨页图　伟大的东哥特国王西奥多里克在493年至526年统治意大利。这幅画描绘了他进入罗马的场景。

> "拉韦纳的霍诺里乌斯皇帝的一名内侍，看着明显是个养鸡的，告诉了他这个消息：罗马不在了。他大喊道：'可它刚啄了我手上的米！'因为他养了一只大公鸡，名字就叫罗马。"
>
> ——普罗科庇乌斯

罗马斗兽场的衰落

　　5世纪的罗马城步履蹒跚，其居民遭受着哥特人的百般侵袭，同时帝国各行省上缴的税收也大幅缩水。随着西罗马帝国的衰亡，罗马赖以生存的税收已然枯竭。"面包与马戏"的日子永不复返。成千上万人离开罗马城，导致这座城市人口持续减少。在5世纪初，罗马拥有80万居民，而到了6世纪中叶，只剩下不到3万人。

　　那些留下来的人见证了这座城市的衰亡：在哥特人的入侵中逃过一劫的建筑也逐渐倾颓倒塌；大型古典建筑上的大理石与石块被剥离下来挪作他用；为了给教堂腾出空间，皇帝的雕像被推倒。最后一次有记载的罗马斗兽场举行的斗猎表演是在519年，由东哥特国王西奥多里克举办。在对这些比赛的描述中，观众对这些从非洲带回的野生动物感到十分惊讶，这说明那儿已经多年未举行过这类表演了。自那以后的数百年里，无人修缮的斗兽场逐渐破败不堪。排水系统被损坏后，地宫被淹没，整堵外墙在地震中坍塌，竞技场的地面杂草丛生、碎石满地。不久后，城市中的流浪者来到斗兽场的拱门下寻一席之地：有小偷、乞丐，还有无家可归的人。随即，商贩们在座位区下方的走廊里开起了小商店和小作坊。斗兽场变成了人们寻找铁匠或鞋匠的去处。

　　到中世纪早期，竞技场已成为朝圣者的朝拜圣地。这一时期的有些书籍错将这座非基督教的斗兽场指认成以前盖有黄金穹顶，里面放着一尊巨大的阿波罗黄金雕像的建筑。在11世纪和12世纪，诺曼底人入侵意大利，仓皇失措的罗马贵族家庭逃至这个城市最后一座坚固的建筑内避难。弗兰吉帕尼家族对罗马斗兽场和周边地区的占领一直持续到1312年。20年后，一件不可思议的事发生了——为庆祝巴伐利亚国王路易的到访，该家族组织了一场斗牛表演。这是史载最后一次血洒竞技场以供娱乐的表演。

1349年，一场地震加剧了斗兽场的颓败，那些流浪汉和小商贩又回来重占此地。随之而来的还有15世纪出现在罗马的一批新的教堂建筑，这些教堂主要是用从斗兽场夺来的石头和铁建造而成。城市的规划者全力扶持基督教罗马，似乎想要以此抹去异教罗马的所有痕迹。

1749年，教皇本尼狄克十四世将斗兽场设立为基督教殉道者的官方纪念馆，并在竞技场中央设立了一个十字架来纪念他们。在那以后，来访的朝圣者都会在竞技场的内部竖立自己的十字架，虔诚的隐士甚至在那里露宿以保护圣地。对其他包括18世纪和19世纪富有的年轻欧洲人在内的游客来说，罗马之旅则是他们大游学的一站。有些人表示，当发现斗兽场成了一个宣传基督教的场所时，十分失望。

1874年，教会对斗兽场的控制结束了，意大利政府将这一建筑交给考古学家处理。他们开始做的第一件事就是移走那些十字架以及过去数十年遗留在此的宗教肖像。尽管遭到了教会的强烈抵制，考古学家还是得以挖掘地宫以及清理覆盖着竞技场的残砖碎石，让斗兽场的墙壁、走廊、隔间恢复了本来面貌。从那以后，一代代考古学家和历史学家对斗兽场进行了考察。他们的工作使我们能够了解角斗士比赛在罗马帝国时期至高无上的荣耀，以及它在罗马帝国中的历史地位。

跨页图　画中人为19世纪英国诗人拜伦勋爵，他是罗马竞技场的众多名人游客之一，他为此创作了一首诗《竞技场》(The Coliseum)。

图书在版编目（CIP）数据

角斗士 / （英）本·哈伯德著；单良，李雪琪译. —广州：广东人民
出版社，2024.4
书名原文：Gladiator
ISBN 978-7-218-16780-0

Ⅰ. ①角… Ⅱ. ①本… ②单… ③李… Ⅲ. ①古罗马—历史—通俗
读物 Ⅳ. ①K126-49

中国国家版本馆CIP数据核字（2023）第145531号

JUEDOUSHI
角斗士

[英]本·哈伯德 著 单 良 李雪琪 译   版权所有 翻印必究

出 版 人：肖风华

责任编辑：陈泽洪
责任技编：吴彦斌 马 健

出版发行：广东人民出版社
地　　址：广州市越秀区大沙头四马路10号（邮政编码：510199）
电　　话：（020）85716809（总编室）
传　　真：（020）83289585
网　　址：http://www.gdpph.com
印　　刷：北京中科印刷有限公司
开　　本：710毫米 × 1000毫米　　1/16
印　　张：15　　字　　数：270千
版　　次：2024年4月第1版
印　　次：2024年4月第1次印刷
定　　价：78.00元

如发现印装质量问题，影响阅读，请与出版社（020-87712513）联系调换。
售书热线：（020）87717307

出品人：许 永
出版统筹：林园林
责任编辑：陈泽洪
特邀编辑：蒋运成
　　　　　张春馨
封面设计：墨 非
内文制作：万 雪
印制总监：蒋 波
发行总监：田峰峥

发　　行：北京创美汇品图书有限公司
发行热线：010-59799930
投稿信箱：cmsdbj@163.com

创美工厂
官方微博

创美工厂
微信公众号

小美读书会
公众号

小美读书会
读者群